财政部"十二五"职业教育规划教材
新世纪高职高专精品教材·会计类主干课

财务管理习题与实训

（第三版）

主　编　刘春华　刘静中
副主编　王满亭　徐　欣
参　编　邓　蕾　孙　颖

大连出版社

内 容 简 介

本书是《财务管理》的配套辅导教材，旨在帮助学生更好地理解和掌握财务管理的基本理论、基本知识和基本方法。本辅导教材的基本结构与主教材的基本结构完全一致，共分为 8 章，包括总论、财务分析、资金筹集、营运资金、项目投资、证券投资、利润分配、财务预算与控制等，另附有两套模拟试题。

图书在版编目(CIP)数据

财务管理习题与实训 / 刘春华，刘静中主编．—3 版．—大连：大连出版社，2014.1(2016.3 重印)
财政部"十二五"职业教育规划教材 新世纪高职高专精品教材．会计类主干课
ISBN 978-7-5505-0565-0

Ⅰ.①财… Ⅱ.①刘… ②刘… Ⅲ.①财务管理—高等职业教育—习题集 Ⅳ.①F275-44

中国版本图书馆 CIP 数据核字(2013)第 193396 号

出 版 人：刘明辉
策划编辑：毕华书 侯娟娟
责任编辑：刘丽君
责任校对：姚 兰
封面设计：林 洋
版式设计：张晓丹
责任印制：阎 骋

出版发行者：大连出版社
地址：大连市西岗区长白街 10 号
邮编：116011
电话：(0411)83621171/83621075
传真：(0411)83610391
网址：http://www.dlmpm.com
电子信箱：hjj@dlmpm.com
印 刷 者：大连永盛印业有限公司
经 销 者：各地新华书店

幅面尺寸：170mm × 240mm
印 张：8.75
字 数：180 千字

出版时间：2007 年 5 月第 1 版
2014 年 1 月第 3 版
印刷时间：2016 年 3 月第 11 次印刷
书 号：ISBN 978-7-5505-0565-0
定 价：16.00 元

如有印装质量问题，请与我社营销部联系
购书热线电话：(0411)83621171/83621075

出版说明

为了配合大连出版社出版的"财政部'十二五'职业教育规划教材　新世纪高职高专精品教材·会计类主干课"的教学需要,我们根据此系列教材的内容,组织全国高等职业技术学院会计及相关专业长期从事教学和科研工作的一线教师及有关专家,编写了配套的习题与实训丛书。

本套丛书以系列教材为依托,以扩展和综合运用教材知识为编写宗旨。在编写时,注重理论联系实际,遵照循序渐进的教学原则,安排了两部分内容:习题和实训。在习题部分,包括填空题、选择题、判断题、名词解释、综合练习题等内容,可以使学生通过练习全面掌握教材的基本理论和基本知识;在实训部分,根据各课程的实际需要,分别包括计算、会计分录、实务操作、案例等内容,旨在增强学生动手能力,提高职业判断能力和综合运用能力,真正达到提高学生分析问题和解决问题能力的目的,为学生以后学习和就业打下坚实的基础。

为了便于授课教师指导学生练习和实训,我们同时配备了习题与实训的参考答案(获取方式见本书最后的教学支持说明)。

虽然我们在编写本套丛书时力求达到完美,但由于水平所限,书中不足之处在所难免,欢迎广大读者提出宝贵的意见和建议,也希望得到批评和指正,以便今后更好地改进和提高。

大连出版社

再版前言

《财务管理习题与实训》是为大连出版社出版的“财政部‘十二五’职业教育规划教材　新世纪高职高专精品教材·会计类主干课”《财务管理》编写的配套辅导教材，旨在帮助学生更好地理解和掌握财务管理的基本理论、基本知识和基本方法。

本辅导教材的基本结构与主教材的基本结构完全一致，共分为 8 章，密切配合主教材内容，根据各知识点的掌握要求和特点，以不同类型的习题巩固和练习各知识点。具体包括单项选择题、多项选择题、判断题、计算题、综合题和案例分析等题型。另附有两套模拟试题。

本辅导教材，刘春华、刘静中老师为主编，王满亭、徐欣老师为副主编，邓蕾、孙颖老师为参编，各人编写的章目与在主教材中编写的章目完全一致。由于我们的认知有限，书中难免有疏漏之处，恳请广大读者批评指正，以便我们日后进一步完善和提高。

编　者

目　录

第1章 总 论

一、单项选择题

1. 企业的资金运动表现为(　　)。

A. 资金的循环　　B. 资金的周转

C. 资金的循环与周转　　D. 资金的来源与使用

2. 初级市场和次级市场是将金融市场按(　　)标准进行的分类。

A. 期限　　B. 交割的方式

C. 金融工具的属性　　D. 证券交易的方式和次数

3. 企业财务管理是企业管理的一个组成部分,区别于其他管理的特点在于它是一种(　　)。

A. 劳动要素的管理　　B. 物资设备的管理

C. 资金的管理　　D. 使用价值的管理

4. 财务关系是企业在组织财务活动过程中与有关各方面所发生的(　　)。

A. 经济往来关系　　B. 经济协作关系

C. 经济责任关系　　D. 经济利益关系

5. 没有风险和通货膨胀情况下的均衡点利率是(　　)。

A. 利率　　B. 纯利率

C. 流动风险报酬率　　D. 市场利率

6. 相对于每股利润最大化目标而言,企业价值最大化目标的不足之处是(　　)。

A. 没有考虑资金的时间价值　　B. 没有考虑投资的风险价值

C. 不能反映企业潜在的获利能力　　D. 不能直接反映企业当前的获利水平

7. 财务管理是组织企业财务活动,处理各方面财务关系的一项(　　)。

A. 人文管理工作　　B. 社会管理工作

C. 物质管理工作　　D. 经济管理工作

8. 企业价值最大化目标强调的是企业的(　　)。

A. 实际利润额　　B. 实际投资利润率

C. 预期获利能力　　　　　　　　D. 实际投入资金

9. 对企业净资产的分配权是(　　)。

A. 国家的基本权利　　　　　　　B. 所有者的基本权利

C. 债务人的基本权利　　　　　　D. 经营者的基本权利

10. 财务管理的核心工作环节为(　　)。

A. 财务预测　　B. 财务决策　　C. 财务预算　　D. 财务控制

11. 反映企业价值最大化目标实现程度的指标是(　　)。

A. 利润额　　　　　　　　　　　B. 总资产报酬率

C. 每股市价　　　　　　　　　　D. 市场占有率

12. 下列影响企业财务管理的环境因素中,最主要的是(　　)。

A. 经济体制环境　　　　　　　　B. 财税环境

C. 法律环境　　　　　　　　　　D. 金融环境

13. 企业按规定向国家缴纳税金的财务关系,在性质上属于(　　)。

A. 资金结算关系　　　　　　　　B. 资金融通关系

C. 资金分配关系　　　　　　　　D. 资金借贷关系

14. 下列不属于利润最大化目标缺点的是(　　)。

A. 没有考虑资金的时间价值

B. 没有考虑风险因素

C. 不利于企业资源的合理配置

D. 没有反映创造的利润与投入的资本之间的关系

15. 企业价值是指(　　)。

A. 企业资产的账面价值

B. 企业资产的市场价值

C. 企业所有者权益和债权人权益的市场价值

D. 企业所有者权益的市场价值

16. 在下列各项中,能够反映上市公司股东财富最大化目标实现程度的最佳指标是(　　)。

A. 总资产报酬率　　　　　　　　B. 净资产收益率

C. 每股市价　　　　　　　　　　D. 每股收益

17. (　　)是财务管理的核心,其成功与否直接关系到企业的兴衰成败。

A. 财务决策　　　　　　　　　　B. 财务控制

C. 财务预算　　　　　　　　　　D. 财务预测

18. 下列说法中正确的是(　　)。

A. 在通货膨胀的情况下,实行固定利率会使债权人利益受到损害

B. 在通货膨胀的情况下,实行固定利率会使债务人利益受到损害

C. 在通货膨胀的情况下,实行浮动利率会使债权人利益受到损害

D. 在通货膨胀的情况下,实行浮动利率会使债务人受益

19. 资金时间价值的实质是(　　)。

A. 利息率　　B. 资金周转使用后的增值额

C. 利润率　　D. 差额价值

20. 企业再生产过程中商品物资的货币表现就是企业的(　　)。

A. 生产资料　　B. 货币资金

C. 资金　　D. 固定资金和流动资金

21. 某企业现在将1 000 元存入银行,年利率为10%,按复利计算,4 年后企业可从银行取出的本利和为(　　)。

A. 1 200 元　　B. 1 300 元　　C. 1 464 元　　D. 1 350 元

22. 某企业在4 年内每年年末存入银行1 000 元,年利率为9%,4 年后可从银行提取(　　)。

A. 3 000 元　　B. 1 270 元　　C. 4 573 元　　D. 2 634 元

23. 为比较期望报酬率不同的两个或两个以上的方案的风险程度,应采用的标准是(　　)。

A. 标准离差　　B. 标准离差率　　C. 概率　　D. 风险报酬率

24. 投资者甘愿冒着风险进行投资,是因为(　　)。

A. 进行风险投资可使企业获得报酬

B. 进行风险投资可使企业获得等同于资金时间价值的报酬

C. 进行风险投资可使企业获得超过资金时间价值的报酬

D. 进行风险投资可使企业获得利润

25. 下列围绕货币时间价值的说法错误的是(　　)。

A. 货币时间价值在量上相当于资金的纯利率

B. 在期数、利率相同的情况下,普通年金现值系数是其终值系数的倒数

C. 递延年金的终值计算与普通年金的终值计算无本质区别

D. 永续年金只有现值,没有终值

26. 下列各项中,有助于支持以企业价值最大化作为财务管理目标的理由之一是(　　)。

A. 不考虑资金的时间价值　　B. 没有考虑投资的风险价值

C. 不能避免企业的短期行为　　D. 有利于社会资源的合理配置

27. 如果两个投资方案的期望值和标准离差均不同,则标准离差率大的方案的风险(　　)。

A. 比标准离差率小的方案的风险大

B. 比标准离差率小的方案的风险小

C. 与标准离差率小的方案的风险一定相同

D. 与标准离差率小的方案的风险可能相同

28. 甲、乙两企业均投入 1 000 万元的资本,本年获利均为 60 万元,但甲企业的利润已经全部转化为现金,而乙企业则全部是应收账款。如果在分析时得出两个企业收益水平相同的结论,得出此结论的原因是(　　)。

A. 没有考虑利润的取得时间

B. 没有考虑利润获得所承担风险的大小

C. 没有考虑所获利润和投入资本的关系

D. 没有考虑企业创造剩余产品的能力

29. 企业发行债券,在名义利率相同的情况下,对其最不利的复利计息期是(　　)。

A. 1 年　　B. 半年　　C. 1 个季度　　D. 1 个月

二、多项选择题

1. 为确保企业财务目标的实现,下列各项中,可用于协调所有者与经营者利益冲突的措施有(　　)。

A. 所有者解聘经营者

B. 所有者向企业派遣财务总监

C. 公司被其他公司接收或吞并

D. 所有者给经营者以股票期权

2. 所有者与经营者利益冲突的协调办法包括(　　)。

A. 解聘　　B. 接收

C. 股票期权　　D. 绩效股

3. 企业价值可以理解为(　　)。

A. 企业所有者权益和债权人权益的市场价值

B. 企业所有者权益的市场价值

C. 企业资产的市场价值

D. 企业所能创造的预计未来现金流量的现值

4. 下列属于企业利益相关者的有(　　)。

A. 企业的员工　　B. 企业的客户

C. 企业的供应商　　D. 政府

5. 财务管理的基本内容包括(　　)。

A. 筹资管理　　B. 投资管理

C. 资金营运管理　　D. 分配管理

6. 风险价值系数的确定方法有(　　)。

A. 根据以往同类项目的有关数据确定

B. 根据通货膨胀情况确定

C. 由企业领导或有关专家确定

D. 由国家有关部门组织专家确定

7. 企业筹资管理的目标包括(　　)。

A. 筹措最多的资金

B. 以较低的筹资成本获取同样多或较多的资金

C. 以较小的筹资风险获取同样多或较多的资金

D. 控制筹资风险,使之最小

8. 企业在财务活动中与各方面发生的财务关系主要有(　　)。

A. 企业与国家之间的财务关系　　B. 企业与投资者之间的财务关系

C. 企业与债权人之间的财务关系　　D. 企业与受资者之间的财务关系

9. 下列财务关系中,属于债权债务关系的有(　　)。

A. 企业与国家之间的财务关系　　B. 企业与债权人之间的财务关系

C. 企业与受资者之间的财务关系　　D. 企业与债务人之间的财务关系

10. 企业财务管理的基本环节包括(　　)。

A. 财务预测　　B. 财务决策

C. 财务预算和财务控制　　D. 财务分析

11. 年金按其每次收付发生的时点不同,可分为(　　)。

A. 普通年金　　B. 即付年金　　C. 递延年金　　D. 永续年金

12. 下列年金中,属于普通年金特殊形式的有(　　)。

A. 即付年金　　B. 递延年金　　C. 后付年金　　D. 永续年金

13. 在不考虑通货膨胀的情况下,投资收益率包括(　　)。

A. 通货膨胀补偿率　　B. 无风险收益率

C. 资金成本率　　D. 风险收益率

14. 下列金融市场要素中,与企业财务管理联系最为密切的有(　　)。

A. 黄金市场　　B. 货币市场　　C. 外汇市场　　D. 资本市场

15. 以下各项中,属于企业在经济周期的衰退阶段所采取的财务管理战略的有(　　)。

A. 扩充厂房设备　　B. 削减存货

C. 停止长期采购　　D. 提高产品价格

16. 在下列各项中,属于企业财务管理的金融环境因素的有(　　)。

A. 利息率　　B. 公司法

C. 金融工具　　D. 税收法规

17. 相对于其他企业而言，公司制企业的优点包括(　　)。

A. 股东人数不受限制　　B. 筹资便利

C. 承担有限责任　　D. 利润分配不受任何限制

18. 下列有关货币市场表述正确的有(　　)。

A. 也称为短期金融市场，它交易的对象具有较强的货币性

B. 也称为资本市场，其收益较高而流动性较差

C. 资金借贷量大

D. 交易的目的主要是满足短期资金周转的需要

19. 债权人为了防止其利益受侵害，可以采取的保护措施有(　　)。

A. 在借款合同中加入限制性条款

B. 发现公司有侵蚀其债权价值意图时，采取通过市场接收或吞并的措施

C. 发现公司有侵蚀其债权价值意图时，采取解聘经营者的措施

D. 发现公司有侵蚀其债权价值意图时，采取收回借款或不再借款的措施

20. 企业投资可以分为广义投资和狭义投资，狭义投资包括(　　)。

A. 固定资产投资　　B. 证券投资

C. 对外联营投资　　D. 流动资产投资

21. 利润最大化不是企业最优的财务管理目标，其原因包括(　　)。

A. 不能直接反映企业创造剩余产品的多少

B. 没有考虑利润和投入资本额的关系

C. 没有考虑利润取得的时间和承受风险的大小

D. 没有考虑企业成本的高低

22. 以资本利润率最大化作为财务目标，存在的缺陷有(　　)。

A. 不能反映资本的获利水平

B. 不能用于不同资本规模的企业间比较

C. 没有考虑风险因素和时间价值

D. 不能避免企业的短期化行为

23. 以下关于利息率表述正确的有(　　)。

A. 利息率是利息占本金的百分比指标

B. 利息率是一定时期运用资金资源的交易价格

C. 利息率是中国人民银行对商业银行贷款的利率

D. 利息率是没有风险和通货膨胀情况下的社会平均利润率

24. 企业价值最大化目标的优点有(　　)。

A. 考虑了资金时间价值和投资的风险价值

B. 反映了对企业资产保值增值的要求

C. 克服了短期行为

D. 有利于社会资源的合理配置

25. 财务管理的金融环境因素主要包括(　　)。

A. 金融机构　　B. 利息率

C. 金融市场　　D. 通货膨胀

26. 企业的财务管理环境又称理财环境,涉及的范围很广,主要包括(　　)。

A. 经济环境　　B. 法律环境

C. 金融环境　　D. 技术环境

27. 下列属于资本市场融资工具的有(　　)。

A. 股票　　B. 债券

C. 商业票据　　D. 可转让大额定期存单

28. 通货膨胀对企业财务活动的影响是多方面的,主要表现在(　　)。

A. 引起资金占用的大量增加,从而增加企业的资金需求

B. 引起企业利润虚增,造成企业资金由于利润分配而流失

C. 引起利润上升,加大企业的权益资金成本

D. 引起有价证券价格下降,增加企业的筹资难度

29. 下列各项中,属于企业财务管理的经济环境的有(　　)。

A. 会计信息化的水平　　B. 金融市场的规模

C. 通货膨胀水平　　D. 国家的宏观经济政策

三、判断题

1. 财务分析可以改善财务预测、决策、预算和控制,改善企业的管理水平,提高企业经济效益,所以,财务分析是财务管理的核心。(　　)

2. 经济发展水平决定着企业的财务管理水平。(　　)

3. 企业处于一定的法律环境之中,而法律的主要作用就是约束企业的各种非法经济行为。(　　)

4. 在通货膨胀条件下采用固定利率,可使债权人减少损失。(　　)

5. 股份有限公司与合伙企业和独资企业相比较而言的最大缺点是对企业的收益需要重复纳税。(　　)

6. 从资金的借贷关系看,利息率是一定时期运用资金资源的交易价格。(　　)

7. 企业与政府之间的财务关系体现为一种投资与受资关系。（ ）

8. 如果企业现有资金不能满足企业经营的需要，还要采取短期借款的方式来筹集所需资金，这样会产生企业资金的收付，这属于筹资活动。（ ）

9. 在协调所有者与经营者矛盾的方法中，接收是一种通过所有者来约束经营者的方法。（ ）

10. 企业财务是指企业在生产经营过程中客观存在的资金运动，包括筹资活动、投资活动、资金营运活动和资金分配活动。（ ）

11. 在依据一定的法律原则下，如何合理确定利润分配规模和分配方式，以使企业的长期利益最大，也是财务管理的主要内容之一。（ ）

12. 租赁公司介于金融机构与企业之间，它也属于金融机构。（ ）

13. 企业价值最大化强调企业所有者的利益最大化，它与企业经营者没有利益关系。（ ）

14. 次级市场也称为二级市场或流通市场，这类市场使预先存在的资产交易成为可能，可以理解为"旧货市场"。（ ）

15. 以企业价值最大化作为财务管理目标，有利于社会资源的合理配置。（ ）

16. 一个企业一旦选择了其财务管理体制就应一贯执行，不能改变。（ ）

17. 财务管理环境是指对企业财务活动和财务管理产生影响作用的企业外部各种条件的统称。（ ）

18. 资金周转速度越快，资金利用效果就越好，企业经济效益就会越高。（ ）

19. 企业的资金运动表现为资金的循环。（ ）

20. 企业的目标就是财务管理的目标。（ ）

21. 国家采取紧缩的财税政策，会使企业纯收入留归企业的部分减少，企业现金流出减少，现金流入增加。（ ）

22. 当市场利率上升、汇率下降、证券价格下跌时，企业筹资会变得困难；反之，企业筹资会变得容易。（ ）

23. 公司制企业的财务管理主体是单一的，或者是国家，或者是企业。（ ）

24. 在对比两个方案时，标准离差率越大，说明风险越大；同样，标准离差越大，说明风险也一定越大。（ ）

25. 在现值和利率一定的情况下，计息期越长，则复利终值越小。（ ）

26. 即付年金与普通年金的区别仅在于计息时间的不同。（ ）

27. 永续年金可以视为期限趋于无穷的普通年金。（ ）

28. 在利率为15%、期数为10年的情况下，1元年金现值系数大于1元年金终值系

数。( )

29. 根据风险与收益对等的原理，高风险投资项目必然会获得高收益。( )

30. 在利率大于零、计息期一定的情况下，年金现值系数大于1。( )

四、计算题

1.【资料】A公司2008年年初对甲设备投资100 000元，该项目2010年年初完工投产；2010年、2011年、2012年年末预期收益各为20 000元、30 000元、50 000元；年利率为10%。

【要求】

(1)按复利计算2010年年初投资额的终值。

(2)按复利计算2010年年初各年预期收益的现值之和。

2.【资料】某企业拟购置一台柴油机，更新目前使用的汽油机，每月可节约燃料费60元，但柴油机价格较汽油机价格高出1 500元。假设年利率为12%，每月复利一次。

【要求】说明柴油机使用多长时间才合算。

3.【资料】假设某企业现有一笔4年后到期的借款，到期值为1 000万元，若存款年复利率为10%。

【要求】计算为偿还该项借款应于每年年末存入银行多少元。

4.【资料】利民公司2007年1月1日向新阳信托投资公司融资租赁一台万能机床，双方在租赁协议中申明：租期截至2012年12月31日；年租金5 600元，于每年年末支付一次；新阳信托投资公司要求的利息及手续费率为5%。

【要求】计算系列租金的现值和终值。如果年租金改按每年年初支付一次，再计算系列租金的现值和终值。

5.【资料】利民公司2012年8月拟在东北某大学设立一笔"助成奖学基金"。奖励计划为：每年特等奖1名，金额10 000元；一等奖2名，每名金额5 000元；二等奖3名，每名金额3 000元；三等奖4名，每名金额1 000元。目前银行存款年利率为4%，并预测短期内不会发生变动。

【要求】分析利民公司为设此项奖学基金应一次性存入银行多少钱。

6.【资料】利民公司2003年1月1日向工商银行沈阳市分行借入一笔款项，银行贷款年利率为6%，同时利民公司与该银行约定：前3年不用还本付息，但从2006年12月31日起至2010年12月31日止，每年年末要偿还本息20 000元。

【要求】分析利民公司当初向工商银行沈阳市分行借入多少本金，每年年末偿还的本息在2010年12月31日的终值是多少。

7.【资料】RD投资项目于2005年动工，施工5年，于2010年年初投产，从投产之日起每年得到收益40 000元；年利率为6%。

【要求】计算10年的收益在2005年年初的现值。

8.【资料】某公司决定连续5年于每年年初存入银行100万元作为住房基金,银行存款利率为10%。

【要求】计算该公司在第5年年末能一次取出的本利和。

9.【资料】B公司2008年、2009年年初对乙设备投资均为60 000元,该项目于2010年年初完工投产;2010年、2011年、2012年年末预期收益均为50 000元;银行借款复利率为8%。

【要求】

(1)按年金计算2010年年初投资额的终值。

(2)按年金计算各年预期收益在2010年年初的现值。

10.【资料】万方公司拟租赁一间厂房,期限是10年,假设年利率是10%,出租方提出以下几种付款方案:

(1)立即付全部款项,共计20万元;

(2)从第4年开始每年年初付款4万元,至第10年年初结束;

(3)第1~8年每年年末支付3万元,第9年年末支付4万元,第10年年末支付5万元。

【要求】通过计算回答该公司选择哪一种付款方案比较合算。

11.【资料】某公司拟购置一处房产,房主提出两种付款方案:(1)从现在起,每年年初支付200 000元,连续支付10次,共2 000 000元;(2)从第5年开始,每年年初支付250 000元,连续支付10次,共2 500 000元。

【要求】假设该公司的资金成本率(即最低报酬率)为10%,说明你认为该公司应选择哪种方案。

12.【资料】华新股份有限公司拟筹资500万元建电子管厂,根据市场预测,预计每年可获得的收益及概率见表1-1。

表1-1 华新股份有限公司预计收益及概率表

市场情况	预计每年收益(X_i)(万元)	概率(P_i)
繁荣	120	0.2
一般	100	0.5
较差	60	0.3

若电子行业的风险价值系数为6%,计划年度利率(资金时间价值)为8%。

【要求】

(1)计算该项投资的收益期望值。

(2)计算该项投资的标准离差。

(3)计算该项投资的标准离差率。

(4)计算该方案要求的风险价值。

(5)计算该方案预测的风险价值,评价该投资方案是否可行。

13.【资料】北方公司2012年陷入经营困境,原有柠檬饮料因市场竞争激烈、消费者喜好发生变化等原因开始滞销。为改变产品结构、开拓新的市场领域,北方公司拟投资400万元开发以下两种新产品:

产品一:洁清纯净水

面对全国范围内的节水运动及供应限制,尤其是当地十年九旱的特殊环境,开发部认为洁清纯净水将进入百姓的日常生活,市场前景看好。有关市场预测资料见表1-2。

表1-2

市场销路	概率(%)	预计年净收益(万元)
好	60	150
一般	20	60
差	20	-10

据专家测算,该项目的风险系数为0.1,无风险收益率为12%。

产品二:消渴啤酒

北方人向来豪爽、好客,亲朋好友聚会总会开怀畅饮一番;北方气候干燥,且近年来气温大幅度升高;随着人均收入的增长,人们的生活水平日益提高。据此,开发部提出开发消渴啤酒方案,有关市场预测资料见表1-3。

表1-3

市场销路	概率(%)	预计年净收益(万元)
好	50	180
一般	20	85
差	30	-25

据专家测算,该项目的风险系数为0.2,无风险收益率为12%。

【要求】

(1)对两种产品开发方案的收益与风险予以计量。

(2)对两种产品开发方案进行评价。

五、案例分析

【案例一】

宝钢利用财务环境增效

宝山钢铁(集团)公司(以下简称宝钢)是新中国成立以来规模最大的现代化钢铁联合企业,经过10年的发展,国家投资在宝钢的原始资本净增了12倍。1995年,宝钢销售收入达到253.83亿元,实现利税60.12亿元。继1994年在全国千家经济效益最佳企业中位列榜首之后,1995年又在国有企业500强中名列第一。宝钢为何能取得如此大的成绩?其中一个原因就是宝钢在搞好生产、开发技术和改善日常经营管理的同时,能够审时度势,广开增效渠道,争取到可观的政策效益、结构效益、级差效益、速度效益和规模效益。

特别是在政策效益方面,宝钢善于保持政策敏感度,抓住机会,用好、用足政策,取得了可观的经济效益。例如,为提高企业成本补偿度,保证企业发展有后劲,1994年宝钢按科学程序组织大规模的清产核资和资产评估工作。评估前宝钢资产总值295亿元,评估后增至549.5亿元,增值254.5亿元。而且经与财政部协商,宝钢在保证当年上缴19亿元所得税的前提下,评估当年就多提折旧18亿元。同时,宝钢还按照国家政策及时提高了折旧率,由此增加折旧所得的资金除用于一期、二期生产发展外,还为三期建设提供了资金。如果三期建设一时用不上,则用于提前归还二期工程的银行贷款,仅此项即还贷44亿元,不仅减少了利息支付,也相应地少交纳能源、交通“两金”。又如,1993年宝钢预测到国家外汇管理办法要与国际接轨,于是在外汇使用安排上先花额度,后花现金,实现外汇保值,直接创汇效益14.4亿元。

【要求】说明宝钢在财务管理上是如何适应企业内外部环境的。

【案例二】

绵阳绢纺厂观念的转变

绵阳绢纺厂(以下简称绵绢)曾经是拥有1 500名职工的大型国有企业。然而,1996年11月,这家企业因亏损1.6亿元宣告破产。第二年10月,来自浙江舟山群岛的中国绢纺行业龙头老大——浙江金鹰纺织股份有限公司将其整体收购。

金鹰纺织股份有限公司收购绵绢之初,绵绢职工有三条出路:一是留厂上班;二是进入绵阳再就业服务中心,每月领取136元生活费;三是自谋职业,由新组建的浙江金鹰股份绵阳绢纺有限公司一次性提供1.5万元安置费。当时,愿意留厂的员工只有10名,20%的员工愿意自谋出路,其余员工则进入再就业服务中心观望、等待。新公司对此悉听君便。

为了迅速恢复生产,除留下来的员工外,新公司面向社会招聘了一批新员工。同时,开始实施一系列改革方案：在用工制度上，冲破关系网，实行定岗定员定责；在分配制度上，打破平均主义，实行计件工资，并向苦、累、脏一线倾斜；在组织结构上，对原来的200多名管理人员进行大幅度精简；在管理制度上，重在落实，不搞花架子等。新公司自以为这样一来，就可以妙手回春、点石成金了。

然而事情并不像人们想象的那么简单。在实施新方案的过程中，新公司遭到了来自员工思想上、观念上的抵抗。这些刚刚从国有企业走出来的员工对新的制度很不适应，工作仍跟从前一样懒懒散散、松松垮垮，产品任务完不成、质量不合格的情况时有发生。他们认为自己是国企职工，是主人翁，谁也不敢把他们怎么样。来自浙江金鹰总厂的员工付继荣说，看见这里员工的工作状态，她感到非常惊讶，她不明白这些员工为什么没有起码的敬业精神，口口声声说自己是主人翁，主人翁应该是这种做法吗？

随后，新公司又采取了一系列措施，但员工的工作效率仍只相当于金鹰总厂的30%，月产量只有2万吨。

为什么职工的观念转变不过来呢？原来根据绵阳市的有关政策，如果领取1.5万元自谋职业，就解除了与国有企业的关系，不再有国企职工的名分；如果接受了企业安置，就不领取1.5万元，这笔费用就由政府从收购资金中扣除，留给新公司去发展。因此，留下来的员工认为，自己没有领取1.5万元，自己就仍然是国企职工，就仍然要按照国企职工以前的规矩办事。而且，他们认为，没有领这1.5万元，自己就是带资进厂，按当时的利息每月是150元，因此，自己就不该与社会上招聘的员工同工同酬。如果同工同酬，自己每月400多元的工资减去150元利息，实际上每月只领了200多元，比从社会上招聘的员工工资低，贬低了自己作为国企职工的"神圣"身份。这些员工还认为，绵绢的破产跟员工没有任何关系，都是厂领导管理无方造成的。

针对这些观念，金鹰上层领导则认为：绵绢破产的根源就在于绵绢人的错误观念及其相应的行为。如果不革除这些错误观念，新公司的发展将困难重重，甚至会再次面临破产。

当得知新公司工作无法推进，严重影响了金鹰在绵阳发展的消息以后，金鹰老总傅国定亲赴绵阳，很快作出了决定。"现在，我宣布，无论是否愿意留厂上班，所有绵绢员工一律发给1.5万元安置费。"金鹰老总傅国定的话音刚落，全体员工不约而同地站起来热烈鼓掌。

根据金鹰与绵阳市政府的有关协议，应由新公司安置的职工共有1 300人，每人发1.5万元安置费，总计近2 000万元。傅国定认为，发给员工1.5万元，就意味着买断了员工国企职工的身份及其相应的观念，以后的工作就一律按新公司的规定执行，谁违规，就照章处罚，一切都按照新的机制运行，从头开始。

"领取1.5万元以后，那种主人翁的感觉没有了，觉得自己一下子变成了打工仔，当时心里真有点不舒服。"一位姓张的员工说。

“以前在国有企业,我们是过一天算一天,金鹰公司要求转换机制、转变观念,我们开始很不适应,很不习惯。现在慢慢适应了,而且工作起来也更加有劲。”绢丝车间梁芳说。

“没领1.5万元以前,认为自己是国有企业职工,虽然只拿二三百元,但没有多大风险,心里踏实。现在拿了1.5万元,心里反而悬吊吊的,因为现在要凭本事挣钱,压力很大,危机感很强。”制绵车间总办充满失落感地说。

“花钱转变职工观念,看起来似乎不划算,但从长远来看,对企业的发展是很有利的。”新公司姚副总经理说,“而且效果已经显现,今年5月,新公司已经扭亏为盈,收购之初,月产量不足2万吨,到今年7月已上升到15万吨,工作效率也基本达到总公司的水平,因此,金鹰花钱买观念的这一创举,值!”

【要求】

(1)讨论不同的财务管理目标的优缺点。

(2)通过本案例,说明你认为新公司的财务管理目标为什么发生了变化。

第2章 财务分析

一、单项选择题

1. 如果企业速动比率很小，下列结论成立的是(　　)。
   A. 企业流动资金占用过多　　B. 企业短期偿债能力强
   C. 企业短期偿债风险很大　　D. 企业长期偿债风险很大
2. 下列各项中，可能导致企业资产负债率变化的经济业务是(　　)。
   A. 收回应收账款
   B. 用现金购买债券
   C. 接受所有者投资转入的固定资产
   D. 以固定资产对外投资(按账面价值作价)
3. 下列有关每股收益的说法正确的是(　　)。
   A. 每股收益是衡量上市公司盈利能力的财务指标
   B. 每股收益多，反映所含有的风险大
   C. 每股收益多，意味着每股股利高
   D. 每股收益多的公司市盈率就高
4. 下列指标中，属于效率比率的是(　　)。
   A. 流动比率　　B. 资本利润率
   C. 资产负债率　　D. 流动资产占全部资产的比重
5. 用于评价企业盈利能力的总资产报酬率指标中的"报酬"是指(　　)。
   A. 息税前利润　　B. 营业利润　　C. 利润总额　　D. 净利润
6. 利息保障倍数不仅反映了企业获利能力，而且反映了(　　)。
   A. 总偿债能力　　B. 短期偿债能力
   C. 长期偿债能力　　D. 经营能力
7. 企业大量增加速动资产可能导致的结果是(　　)。
   A. 减少资金的机会成本　　B. 增加资金的机会成本
   C. 增加财务风险　　D. 提高流动资产的收益率

8. 某企业 2003 年主营业务收入净额为 36 000 万元，流动资产平均余额为 4 000 万元，固定资产平均余额为 8 000 万元。假定没有其他资产，则该企业 2003 年的总资产周转率为(　　)。

A. 3.0 次　　B. 3.4 次　　C. 2.9 次　　D. 3.2 次

9. 在杜邦财务分析体系中,综合性最强的财务比率是(　　)。

A. 净资产收益率　　B. 总资产净利率

C. 总资产周转率　　D. 营业净利率

10. 如果流动负债小于流动资产,则期末以现金偿付一笔短期借款所导致的结果是(　　)。

A. 营运资金减少　　B. 营运资金增加

C. 流动比例降低　　D. 流动比例提高

11. 在下列财务分析主体中,必须对企业运营能力、偿债能力、盈利能力及发展能力的全部信息予以详尽了解和掌握的是(　　)。

A. 短期投资者　　B. 企业债权人

C. 企业经营者　　D. 税务机关

12. 在下列各项指标中,能够从动态角度反映企业偿债能力的是(　　)。

A. 现金流动负债比率　　B. 资产负债率

C. 流动比率　　D. 速动比率

13. 下列指标中,可用于衡量企业短期偿债能力的是(　　)。

A. 已获利息倍数　　B. 产权比率

C. 资产周转率　　D. 流动比率

14. 在下列项目中,企业短期债权人主要关心企业的(　　)。

A. 资产的流动性　　B. 收益的稳定性

C. 负债与权益的比例　　D. 长期负债与短期负债的比例

15. 属于企业发展能力分析指标的是(　　)。

A. 总资产报酬率　　B. 资本保值增值率

C. 资本收益率　　D. 盈余现金保障倍数

16. 某公司年末会计报表上部分数据为:流动负债 60 万元, 流动比率为 2,速动比率为 1.2, 销售成本 100 万元,年初存货为 52 万元,若非速动资产只有存货,则本年度存货周转次数为(　　)。

A. 1.65 次　　B. 2 次　　C. 2.3 次　　D. 1.45 次

17. 某企业应收账款周转次数为 4.5 次,假设一年按 360 天算,则应收账款周转的天数为(　　)。

A. 0.2 天　　B. 81.1 天　　C. 80 天　　D. 730 天

18. 在下列关于资产负债率、权益乘数和产权比率关系的表达式中, 正确的是(　　)。

A. 资产负债率 + 权益乘数 = 产权比率

B. 资产负债率 - 权益乘数 = 产权比率

C. 资产负债率 × 权益乘数 = 产权比率

D. 资产负债率 ÷ 权益乘数 = 产权比率

19. 影响速动比率可信性的最主要因素是(　　)。

A. 存货的变现能力　　B. 短期债券的变现能力

C. 产品的变现能力　　D. 应收账款的变现能力

20. 较高的现金流动负债比率一方面会使企业资产的流动性较强,另一方面会带来(　　)。

A. 存货购进的减少　　B. 销售机会的丧失

C. 利息的增加　　D. 机会成本的增加

21. 某上市公司 2010 年年底流通在外的普通股股数为 1 000 万股,2011 年 3 月 31 日增发新股 200 万股,2011 年 7 月 1 日经批准购回本公司股票 140 万股,2011 年的净利润为 400 万元,派发现金股利 30 万元,则 2011 年的基本每股收益为(　　)。

A. 0.36 元　　B. 0.29 元　　C. 0.40 元　　D. 0.37 元

22. 某公司年初负债总额为 800 万元(流动负债 220 万元,非流动负债 580 万元),年末负债总额为 1 060 万元(流动负债 300 万元,非流动负债 760 万元),年初资产总额为 1 680 万元,年末资产总额为 2 000 万元,则权益乘数(平均数)为(　　)。

A. 2.022　　B. 2.128　　C. 1.909　　D. 2.1

23. 通过对杜邦财务分析体系的分析可知,提高净资产收益率的途径不包括(　　)。

A. 加强销售管理,提高销售净利率

B. 加强资产管理,提高其利用率和周转率

C. 加强负债管理,提高其利用率和周转率

D. 加强负债管理,提高产权比率

24. 某企业 2011 年流动资产平均余额为 100 万元,流动资产周转次数为 7 次。若该企业 2011 年净利润为 210 万元,则 2011 年销售净利率为(　　)。

A. 30%　　B. 50%　　C. 40%　　D. 15%

25. 某公司 2011 年年初资产总额为 200 万元,年末资产总额为 300 万元,当年的净利润为 30 万元,所得税税额为 6 万元,计入财务费用的利息支出为 4 万元,则该公司 2011 年的总资产报酬率为(　　)。

A. 18.4%　　B. 16%　　C. 14.4%　　D. 13.6%

26. 下列关于比率分析法的说法,错误的是(　　)。

A. 针对多个指标进行分析

B. 综合程度低

C. 建立在以历史数据为基础的财务报表之上

D. 在某些情况下无法得出令人满意的结论

27. 以某一时期的数额为固定的基期数额而计算出来的动态比率是(　　)。

A. 构成比率　　B. 效率比率

C. 定基动态比率　　D. 环比动态比率

28. 比率指标的类型不包括(　　)。

A. 构成比率　　B. 定基动态比率
C. 效率比率　　D. 相关比率

29. 下列关于构成比率的说法，错误的是（　　）。
A. 又称结构比率
B. 是某项财务活动中所费与所得的比率
C. 反映部分与总体的关系
D. 是某项财务指标的各组成部分数值占总体数值的百分比

30. 下列各项中，是净利润与总资产平均数的比率，反映平均每1元总资产为投资者所创造的利润的是（　　）。
A. 净资产收益率　　B. 总资产收益率
C. 总资产报酬率　　D. 流动比率

二、多项选择题

1. 某公司当年的经营利润很多，却不能偿还到期的债务。为查清其原因，应该检查的债务比率包括（　　）。
A. 资产负债率　　B. 流动比率
C. 存货周转率　　D. 应收账款周转率

2. 影响净资产收益率的因素有（　　）。
A. 流动负债与长期负债的比率　　B. 资产负债率
C. 营业净利率　　D. 总资产周转率

3. 在其他条件不变的情况下，会引起总资产周转率指标上升的经济业务有（　　）。
A. 用现金偿还负债　　B. 借入一笔短期借款
C. 用银行存款购买一台设备　　D. 用银行存款支付一年的电话费

4. 财务业绩定量评价是指对企业一定期间的（　　）进行的定量对比分析和评判。
A. 盈利能力　　B. 资产质量
C. 债务风险　　D. 经营增长

5. 下列各项中，与净资产收益率密切相关的有（　　）。
A. 营业净利率　　B. 总资产周转率
C. 总资产增长率　　D. 权益乘数

6. 一个健全有效的企业综合财务指标体系必须具备的基本要素包括（　　）。
A. 指标数量多　　B. 指标要素齐全适当
C. 主辅指标功能匹配　　D. 满足多方信息需求

7. 影响总资产净利率高低的因素主要有（　　）。
A. 产品的价格　　B. 单位成本的高低
C. 销售量　　D. 总资产周转率

8. 对资产负债率评价正确的有（　　）。
A. 从债权人的角度看，负债比率越大越好

B. 从债权人的角度看,负债比率越小越好

C. 从股东的角度看,负债比率越大越好

D. 从股东的角度看,当全部资本利润率高于债务利息率时,负债比率越大越好

9. 计算速动比率时,从流动资产中扣除存货的重要原因包括(　　)。

A. 存货的价值较大　　B. 存货的质量难以保证

C. 存货的变现能力较弱　　D. 存货的变现能力不稳定

10. 财务分析的局限性主要表现为(　　)。

A. 分析主体的局限性　　B. 资料来源的局限性

C. 分析方法的局限性　　D. 分析指标的局限性

11. 在其他情况不变的情况下,缩短应收账款周转天数,则有利于(　　)。

A. 提高短期偿债能力　　B. 缩短现金周转期

C. 企业减少资金占用　　D. 企业扩大销售规模

12. 财务报表是财务分析的主要依据,财务报表数据的局限性决定了财务分析与评价的局限性,具体表现为(　　)。

A. 缺乏独立性　　B. 存在滞后性

C. 缺乏可靠性　　D. 缺乏可比性

13. 在运用比率分析法时,应选择科学合理的对比标准,常用的有(　　)。

A. 预定目标　　B. 历史标准

C. 行业标准　　D. 公认标准

14. 如果流动比率高,意味着企业可能(　　)。

A. 存在闲置现金　　B. 存在存货积压

C. 应收账款周转缓慢　　D. 短期偿债能力差

15. 以下对流动比率的表述中正确的有(　　)。

A. 不同企业的流动比率有统一的衡量标准

B. 流动比率越大越好

C. 流动比率需要用速动比率加以补充和说明

D. 流动比率大,并不意味着企业就一定具有短期偿债能力

16. 提高应收账款周转率有助于(　　)。

A. 加快资金周转　　B. 提高生产能力

C. 增强短期偿债能力　　D. 减少坏账损失

17. 下列各项指标中可用于分析企业偿债能力的有(　　)。

A. 资产现金回收率　　B. 技术投入比率

C. 带息负债比率　　D. 已获利息倍数

18. 利息保障倍数指标所反映的企业财务层面包括(　　)。

A. 获利能力　　B. 长期偿债能力

C. 短期偿债能力　　D. 发展能力

19. 从杜邦财务分析体系可知,提高净资产收益率的途径在于(　　)。

A. 加强负债管理，降低负债比率

B. 加强成本管理，降低负债费用

C. 加强销售管理，提高销售利润率

D. 加强资产管理，提高资产周转率

20. 影响速动比率的因素有（ ）。

A. 应收账款 B. 存货

C. 短期借款 D. 预付账款

21. 若流动比率大于1，则下列结论不一定成立的有（ ）。

A. 速动比率大于1 B. 营运资金大于零

C. 资产负债率大于1 D. 短期偿债能力绝对有保障

22. 采用比较分析法时，必须注意的问题有（ ）。

A. 所对比指标的计算口径必须一致

B. 应剔除偶发性项目的影响

C. 应运用例外原则对某项有显著变动的指标作重点分析

D. 衡量标准的科学性

23. 影响总资产报酬率的因素有（ ）。

A. 净利润 B. 所得税

C. 利息 D. 资产平均总额

24. 采用因素分析法时，必须注意的问题有（ ）。

A. 因素分解的关联性 B. 因素替代的顺序性

C. 顺序替代的连环性 D. 计算结果的假定性

25. 下列各项中，可能直接影响企业净资产收益率指标的措施有（ ）。

A. 提高销售净利率 B. 提高资产负债率

C. 提高总资产周转率 D. 提高流动比率

26. 财务分析的意义主要体现在（ ）。

A. 可以判断企业的财务实力

B. 可以评价和考核企业的经营业绩

C. 可以分析问题和解决问题

D. 可以评价企业的发展趋势

27. 财务分析信息的需求者主要包括（ ）。

A. 企业所有者 B. 企业债权人

C. 企业经营决策者 D. 政府

28. 企业经营决策者必须对企业的（ ）信息进行了解。

A. 运营能力 B. 偿债能力

C. 获利能力 D. 发展能力

29. 财务分析的局限性包括（ ）。

A. 资料来源的局限性 B. 财务分析方法的局限性

C. 财务分析指标的局限性　　　　D. 资金不足的局限件

三、判断题

1. 一般而言,已获利息倍数越大,企业可以偿还债务的可能性也越大。(　　)

2. 对于盈利企业,在总资产净利率不变的情况下,资产负债率越高,净资产收益率越低。(　　)

3. 资产负债率与产权比率的乘积等于 1。(　　)

4. 现金流动负债比率表明用现金偿还短期债务的能力,企业应尽量使其大于或等于 1。(　　)

5. 尽管流动比率可以反映企业的短期偿债能力,但有的企业流动比率高,却没有能力支付到期的应付账款。(　　)

6. 权益乘数的高低取决于企业的资本结构:资产负债率越高,权益乘数越高,财务风险越大。(　　)

7. 一般而言,企业存货需要量与企业生产及销售的规模成正比,与存货周转一次所需天数成反比。(　　)

8. 市盈率是评价上市公司盈利能力的指标,它反映投资者愿意对公司每股净利润支付的价格。(　　)

9. 在财务分析中,将通过对比两期或连续数期财务报告中的相同指标,以说明企业财务状况或经营成果的变动趋势的方法称为水平分析法。(　　)

10. 企业拥有的各种资产都可以作为偿还债务的保证。(　　)

11. 盈余现金保障倍数是从现金流入和流出的动态角度,对企业收益的质量进行评价,在收付实现制的基础上,充分反映出企业当期利润总额中有多少是有现金保障的。(　　)

12. 若资产增加幅度低于销售收入净额增长幅度,则会引起资产周转率增大,表明企业的运营能力有所提高。(　　)

13. 某企业去年的销售净利率为 5.73%,资产周转率为 2.17;今年的销售净利率为 4.88%,资产周转率为 2.88。若两年的资产负债率相同,今年的净资产收益率与去年相比未上升。(　　)

14. 在采用因素分析法时,既可以按照各因素的依存关系排列成一定的顺序并依次替代,也可以任意颠倒顺序,其结果是相同的。(　　)

15. 由杜邦财务分析体系可知,净资产收益率等于总资产净利率乘以权益乘数。因此,企业的负债程度越高,净资产收益率就越大。(　　)

16. 股票的市盈率越高,说明投资者对公司的发展前景越看好,投资者越愿意以较高的价格购买公司股票,因此,该股票的投资风险越小。(　　)

17. 其他条件不变的情况下,权益乘数增大,企业的负债程度提高,能给企业带来更多的财务杠杆利益,同时也增加了企业的财务风险。(　　)

18. 构成比率,是某项财务活动中所费与所得的比率,反映投入与产出的关系,利用

构成比率指标,可以进行得失比较,考查经营成果,评价经济效益。(　　)

19. 财务报表中的数据,均是企业过去经济活动的结果和总结,用于预测未来发展趋势,有参考价值,绝对合理。(　　)

20. 报表使用者需要的信息,在报表或附注中都能找到。(　　)

21. 净资产收益率是指净利润与净资产平均数的比率,反映平均每 1 元投资所创造的利润。(　　)

22. 从企业的股东的角度出发,资产负债率越低,企业的负债越安全,财务风险越小。(　　)

四、计算题

1.【资料】某公司流动资产由速动资产和存货构成,年初存货为 145 万元,年初应收账款为 125 万元,年末流动比率为 3,年末速动比率为 1.5,存货周转率为 4 次,年末流动资产余额为 270 万元。一年按 360 天计算。

【要求】

(1)计算该公司流动负债年末余额。

(2)计算该公司存货年末余额和年平均余额。

(3)计算该公司本年销货成本。

(4)假定本年营业收入为 960 万元,应收账款以外的其他速动资产忽略不计,计算该公司应收账款周转期。

2.【资料】某公司××××年度简化的资产负债表如下:

表 2-1　　资产负债表

××公司　　××××年 12 月 31 日　　单位:万元

资产		负债及所有者权益	
货币资金	50	应付账款	100
应收账款		长期负债	
存货		实收资本	100
固定资产		留存收益	100
资产总计		负债及所有者权益总计	

其他有关财务资料如下:

(1)长期负债与所有者权益之比:0.5;

(2)销售毛利率:10%;

(3)存货周转率(存货按年末数计算):9 次;

(4)平均收现期(应收账款按年末数计算,一年按 360 天计算):18 天;

(5)总资产周转率(总资产按年末数计算):2.5 次。

【要求】利用上述资料,填充该公司资产负债表的空白部分,并列示所填数据的计算过程。

3.【资料】某商业企业 2012 年度营业收入为 2 000 万元，营业成本为 1 600 万元；年初、年末应收账款余额分别为 200 万元和 400 万元；年初、年末存货余额分别为 200 万元和 600 万元；年末速动比率为 1.2，年末现金与流动负债的比为 0.7。假定该企业流动资产由速动资产和存货组成，速动资产由应收账款和现金类资产组成，一年按 360 天计算。

【要求】

(1)计算 2012 年应收账款周转天数。

(2)计算 2012 年存货周转天数。

(3)计算 2012 年年末流动负债余额和速动资产余额。

(4)计算 2012 年年末流动比率。

4.【资料】某公司 2012 年年末有关数据如下：

表 2-2　　单位：万元

项目	金额	项目	金额
货币资金 交易性金融资产 应收票据	300 200 102(年初 168)	短期借款 应付账款 一年内到期的长期负债 应付债券	200 200 100 950
应收账款	98(年初 82)	所有者权益	1 025(年初 775)
存货	500(年初 460)	营业收入	3 000
固定资产净值 无形资产	1 286(年初 214) 14	营业成本 营业利润 财务费用 税前利润 税后利润	2 400 600 10 90 54

【要求】

(1)根据以上资料，计算该公司 2012 年的流动比率、速动比率、存货周转率、应收账款周转天数、资产负债率、已获利息倍数、营业净利率、总资产报酬率(年初资产总额 1 500 万元)、净资产收益率、三年资本平均增长率(2009 年年末所有者权益为 885.43 万元)。

(2)假设该公司同行业的各项比率的平均水平如下表所示，试根据(1)的计算结果，对该公司财务状况作出简要评价。

表 2-3

比率名称	同行业平均水平
流动比率	2.0
速动比率	1.0
存货周转率	6 次
应收账款周转天数	30 天
资产负债率	40%
带息负债比率	60%

续表

比率名称	同行业平均水平
已获利息倍数	8
营业净利率	9%
总资产报酬率	6%
净资产收益率	10%
三年资本平均增长率	5%

5.【资料】已知某公司2012年会计报表的有关资料如下：

表2-4 金额单位：万元

资产负债表项目	年初数	年末数
资产	8 000	10 000
负债	4 500	6 000
所有者权益	3 500	4 000
利润表项目	**上年数**	**本年数**
主营业务收入净额	（略）	20 000
净利润	（略）	500

【要求】

（1）计算杜邦财务分析体系中的下列指标（凡计算指标涉及资产负债表项目数据的，均按平均数计算）：

①净资产收益率；

②总资产净利率（保留三位小数）；

③营业净利率；

④总资产周转率（保留三位小数）；

⑤权益乘数。

（2）用文字列出净资产收益率与上述其他各项指标之间的关系式，并用本题数据加以验证。

6.【资料】某企业上年主营业务收入净额为6 900万元，全部资产平均余额为2 760万元，流动资产平均余额为1 104万元；本年主营业务收入净额为7 938万元，全部资产平均余额为2 940万元，流动资产平均余额为1 323万元。

【要求】

（1）计算上年与本年的全部资产周转率（次）、流动资产周转率（次）和资产结构（流动资产占全部资产的百分比）。

（2）运用差额分析法计算流动资产周转率与资产结构变动对全部资产周转率的影响。

五、综合题

【资料】已知 MT 公司 2012 年年初负债总额为 4 000 万元，所有者权益是负债的 1.5 倍，该年的资本积累率为 150%（该年度没有出现引起所有者权益变化的客观因素），年末资产负债率为 0.25，负债的年均利率为 10%，全年固定成本总额为 975 万元，净利润为 1 005万元，适用的企业所得税税率为 25%。

【要求】根据上述资料，计算 MT 公司的下列指标：

(1)2012 年年初的所有者权益总额。

(2)2012 年年初的资产负债率。

(3)2012 年年末的所有者权益总额和负债总额。

(4)2012 年年末的产权比率。

(5)2012 年的所有者权益平均余额和负债平均余额。

(6)2012 年的息税前利润。

(7)2012 年的总资产报酬率。

(8)2012 年的已获利息倍数。

六、案例分析

杜邦财务分析案例

(一)公司概况

光明玻璃股份有限公司是一家拥有 30 多年历史的大型玻璃生产基地。该公司颇有战略头脑，十分重视新产品和新工艺的开发，重视对老设备进行技术改造，引进国外先进技术，拥有国内一流的浮法玻璃生产线。该公司生产的浮法玻璃、汽车安全玻璃以及高档铅品质玻璃器皿在国内具有较高的市场占有率。该公司还十分重视战略重组，大力推行前向一体化和后向一体化，使公司形成了一条由原材料供应到产品制造再到产品销售一条龙的稳定的价值生产链。由于该公司战略经营意识超前，管理得法，公司的规模得到迅速扩展，销量和利润逐年递增，跃居国内行业排头兵位置。但由于近两年企业扩展太快，经营效率有所下降。

该公司为了把握未来，对公司未来几年面临的市场和风险进行了预测。预测结果表明，在未来几年里，随着国民经济的快速发展、安居工程的启动以及汽车工业的迅猛崛起，市场对各种玻璃的需求剧增，这种市场发展势头给公司带来了千载难逢的发展机遇。预测结果还表明，公司未来面临的风险也在逐步加大，国内介入浮法生产线的企业逐渐增多，国外玻璃生产公司意欲打入中国市场，重油和能源的涨价等，这些都会对公司的未来市场、生产经营和经济效益提出严峻的挑战。

(二)案例问题及资料

公司为了确保在未来市场逐渐扩展的同时，使经济效益稳步上升，维持行业排头兵的位置,拟对公司近两年的财务状况和经济效益情况运用杜邦财务分析法进行全面分析,以便找出公司在这方面取得的成绩和存在的问题,并针对问题提出改进措施,扬长避短,以利再战,实现公司的自我完善。

公司近三年的资产负债表和利润表见表2-5和表2-6。

表2-5 资产负债表 单位:千元

资产				负债及所有者权益			
项目	金额			项目	金额		
	2010年	2011年	2012年		2010年	2011年	2012年
流动资产合计	398 400	1 529 200	1 745 300	流动负债合计	395 000	493 900	560 000
长期投资	14 200	68 600	20 900	长期负债合计	31 400	86 200	128 300
固定资产净值	313 200	332 300	473 400	负债合计	426 400	580 100	688 300
在建工程	21 510	131 600	129 500	所有者权益合计	320 910	1 629 100	1 843 200
递延资产			6 900				
无形及其他资产		147 500	155 500				
资产总计	747 310	2 209 200	2 531 500	负债及所有者权益总计	747 310	2 209 200	2 531 500

表2-6 利润表 单位:千元

项目	金额		
	2010年度	2011年度	2012年度
一、营业收入	881 000	948 800	989 700
减:营业成本	316 400	391 000	420 500
营业税金及附加	95 300	99 600	89 000
销售费用	9 900	52 700	43 500
管理费用	164 900	107 000	97 200
财务费用	13 400	3 600	18 500
加:投资收益			
二、营业利润	281 100	294 900	321 000
加:营业外收入			
减:营业外支出			
三、利润总额	281 100	294 900	321 000
减:所得税	84 330	88 470	96 300
四、净利润	196 770	206 430	224 700

【要求】

(1)计算该公司上年和本年的权益净利率,并确定本年较上年的总差异。

(2)对权益净利率的总差异进行总资产净利率和权益乘数的两因素分析,并确定各因素变动对总差异影响的份额。

(3)对总资产净利率的总差异进行销售净利率和总资产周转率的两因素分析,确定各因素变动对总资产净利率的总差异影响的份额。

(4)对两年销售净利率的变动总差异进行构成比率因素分析,找出各构成比率变动对总差异的影响份额。

(5)运用上述分析的结果,归纳影响该公司权益净利率变动的有利因素和不利因素,找出产生不利因素的主要原因,并针对这些原因提出相应的改进意见,使这些改进意见付诸实施,促使该公司的生产经营管理更加完善,提高竞争力。

第3章
资金筹集

一、单项选择题

1. 采用销售百分比法预测资金需要量时,下列项目中被视为不随销售收入的变动而变动的是(　　)。

A. 现金　　B. 应付账款
C. 存货　　D. 公司债券

2. 在下列各项中,能够引起企业权益资本增加的筹资方式是(　　)。

A. 吸收直接投资　　B. 发行公司债券
C. 利用商业信用　　D. 留存收益转增资本

3. 下列权利中,不属于普通股股东权利的是(　　)。

A. 公司管理权　　B. 分享盈余权
C. 优先认股权　　D. 优先分配剩余财产权

4. 相对于负债融资方式而言,采用吸收直接投资方式筹措资金的优点是(　　)。

A. 有利于降低资金成本　　B. 有利于集中企业控制权
C. 有利于降低财务风险　　D. 有利于发挥财务杠杆作用

5. 股份有限公司的设立,可以采取发起设立或者募集设立的方式。以募集设立方式设立股份有限公司的,发起人认购的股份不得少于公司股份总数的(　　)。

A. 15%　　B. 20%　　C. 35%　　D. 50%

6. 下列关于直接筹资和间接筹资的说法中,错误的是(　　)。

A. 融资租赁属于间接筹资方式
B. 直接筹资是指直接在资本市场取得货币资金的筹资方式
C. 发行股票、发行债券属于直接筹资
D. 间接筹资的基本方式是向银行借款

7. 某企业需借入资金120万元,由于银行要求将贷款数额的20%作为补偿性余额,故企业需向银行申请的贷款数额为(　　)。

A. 120万元　　B. 144万元　　C. 150万元　　D. 134.4万元

8. 公司与银行商定的周转信贷额度为2 000万元,年利率为4%,承诺费年费率为

1%，该年度内公司实际向银行贷款1 800万元，实际使用三个季度，则该季度该公司应向银行支付承诺费（ ）。

A.6.5万元 B.2万元 C.4.55万元 D.5.25万元

9. 某企业按年利率4.5%向银行借款200万元，银行要求保留10%的补偿性余额，则该项借款的实际利率为（ ）。

A.4.95% B.5% C.5.5% D.9.5%

10. 相对于股票筹资而言，银行借款的缺点是（ ）。

A. 筹资速度慢 B. 筹资成本高

C. 借款弹性差 D. 财务风险大

11. 相对于借款购置设备而言，融资租赁设备的主要缺点是（ ）。

A. 筹资速度较慢 B. 融资成本较高

C. 到期还本负担重 D. 设备淘汰风险大

12. 下列各项资金，可以利用商业信用方式筹措的是（ ）。

A. 国家财政资金 B. 银行信贷资金

C. 其他企业资金 D. 企业自留资金

13. 出租人既出租某项资产，又以该项资产为担保借入资金的租赁方式是（ ）。

A. 直接租赁 B. 售后回租 C. 杠杆租赁 D. 经营租赁

14. 某企业赊销货物的信用条件是：20日内付款，给予2%的现金折扣，30日内全部付清。这一信用条件可简略表示为（ ）。

A.“n/30,2/20” B.“2/20,n/30”

C.“20/2,n/30” D.“20/2,30/n”

15. 下列筹资方式中，常用来筹措长期资金的是（ ）。

A. 商业信用 B. 短期融资券

C. 应收账款转让 D. 融资租赁

16. 假定甲企业的信用等级高于乙企业，则下列表述正确的是（ ）。

A. 甲企业的筹资成本比乙企业高 B. 甲企业的筹资能力比乙企业强

C. 甲企业的债务负担比乙企业重 D. 甲企业的筹资风险比乙企业大

17. 某企业需借入资金300 000元。由于贷款银行要求将贷款数额的20%作为补偿性余额，故企业需向银行申请的贷款数额为（ ）。

A.300 000元 B.360 000元 C.375 000元 D.336 000元

18. 用线性回归法预测筹资需要量的理论依据是（ ）。

A. 筹资规模与业务量间的对应关系

B. 筹资规模与投资间的时间关系

C. 筹资规模与筹资方式间的对应关系

D. 长短期资金间的比例关系

19. 补偿性存款余额的约束使借款企业受到的影响是(　　)。

A. 增加了所需支付的借款利息额　　B. 增加了实际可用借款额

C. 提高了实际借款利率　　D. 降低了实际借款利率

20. 丧失现金折扣的机会成本的大小与(　　)。

A. 折扣百分比的大小呈反方向变化

B. 信用期的长短呈同方向变化

C. 折扣百分比的大小、信用期的长短均呈同方向变化

D. 折扣期的长短呈同方向变化

21. 企业采用贴现法从银行贷款,年利率为10%,则该项贷款的实际年利率为(　　)。

A. 9%　　B. 10%　　C. 约11%　　D. 12%

22. 企业取得2006年为期一年的周转信贷额为1 000万元,承诺费率为0.4%。2006年1月1日从银行借入500万元,8月1日又借入300万元,如果年利率为8%,则企业2006年年末向银行支付的利息和承诺费共为(　　)。

A. 49.5万元　　B. 51.5万元　　C. 64.8万元　　D. 66.7万元

23. 某企业按"2/10,n/45"的条件购进商品一批,若该企业放弃现金折扣优惠,而在信用期满时付款,则放弃现金折扣的机会成本为(　　)。

A. 20.99%　　B. 28.82%　　C. 25.31%　　D. 16.33%

24. 公司增发普通股的市价为12元/股,筹资费率为市价的6%,最近刚发放的股利为每股0.6元,已知该股票的资金成本率为11%,则该股票的股利年增长率为(　　)。

A. 5%　　B. 5.39%　　C. 5.68%　　D. 10.34%

25. 某公司发行面额为500万元的10年期债券,票面利率为12%,发行费用率为5%,公司所得税税率为25%。该债券采用溢价发行,发行价格为600万元,该债券的资金成本为(　　)。

A. 8.46%　　B. 7.89%　　C. 10.24%　　D. 9.38%

26. 下列各项中属于商业信用的是(　　)。

A. 商业银行贷款　　B. 应付账款　　C. 应付工资　　D. 融资租赁

27. 与股票筹资相比,债券筹资的特点是(　　)。

A. 筹资风险大　　B. 资金成本高

C. 限制条件少　　D. 分散经营控制权

28. 下列各项中,不属于融资租赁租金构成项目的是(　　)。

A. 租赁设备的价款　　B. 租赁期间利息

C. 租赁手续费　　D. 租赁设备维护费

29. 企业向租赁公司租入一台设备,价值500万元,租期为5年,租赁费综合率为12%,若采用先付租金的方式,则平均每年支付的租金为(　　)。

A. 123.8 万元　　B. 138.7 万元　　C. 245.4 万元　　D. 108.6 万元

30. 一般而言,企业资金成本最高的筹资方式是(　　)。

A. 发行债券　　B. 长期借款　　C. 发行普通股　　D. 发行优先股

31. 在下列各项中,不属于商业信用融资内容的是(　　)。

A. 赊购商品　　B. 预收货款

C. 办理应收票据贴现　　D. 用商业汇票购货

32. 采用销售百分率法预测资金需要量时,下列项目中被视为不随销售收入的变动而变动的是(　　)。

A. 现金　　B. 应付账款　　C. 存货　　D. 公司债券

33. 在财务管理中,将资金划分为变动资金与不变资金两部分,并据以预测企业未来资金需要量的方法称为(　　)。

A. 定额预测法　　B. 比率预测法

C. 回归分析(资金习性)预测法　　D. 成本习性预测法

34. 相对于负债融资方式而言,采用吸收直接投资方式筹措资金的优点是(　　)。

A. 有利于降低资金成本　　B. 有利于集中企业控制权

C. 有利于降低财务风险　　D. 有利于发挥财务杠杆作用

35. 某企业按年利率 4.5% 向银行借款 200 万元,银行要求保留 10% 的补偿性余额,则该项贷款的实际利率为(　　)。

A. 4.95%　　B. 5%　　C. 5.5%　　D. 9.5%

36. 某公司拟发行面值为 1 000 元,不计复利,5 年后一次还本付息,票面利率为 10% 的债券。已知发行时资金市场的年利率为 12%,(P/F,10%,5) = 0.6209,(P/F,12%,5) = 0.5674。则该公司债券的发行价格为(　　)。

A. 851.10 元　　B. 907.84 元　　C. 931.35 元　　D. 993.44 元

37. 企业在选择筹资渠道时,下列各项中需要优先考虑的因素是(　　)。

A. 资金成本　　B. 企业类型　　C. 融资期限　　D. 偿还方式

38. 在下列各项中,能够引起企业自有资金增加的筹资方式是(　　)。

A. 吸收直接投资　　B. 发行公司债券

C. 利用商业信用　　D. 留存收益转增资本

39. 在计算优先股成本时,下列各因素中,不需要考虑的是(　　)。

A. 发行优先股总额　　B. 优先股筹资费率

C. 优先股的优先权　　D. 优先股每年的股利

40. 根据财务管理理论,按照资金来源渠道不同,可将筹资分为(　　)。

A. 直接筹资和间接筹资　　B. 内源筹资和外源筹资

C. 权益筹资和负债筹资　　D. 短期筹资和长期筹资

41. 最佳资本结构是指企业在一定时期最适宜其有关条件下的(　　)。

A. 企业利润最大的资本结构

B. 企业目标资本结构

C. 风险最低的目标资本结构

D. 加权平均资金成本最低,企业价值最大的资本结构

42. 下列各项中,运用普通股每股利润(每股收益)无差异点确定最佳资本结构时,需计算的指标是(　　)。

A. 息税前利润　　B. 营业利润　　C. 净利润　　D. 利润总额

43. 企业发行普通股 1 000 万股,每股面值 1 元,发行价格为每股 5 元,筹资费率为 4%,每年股利固定为每股 0.20 元,则该普通股资金成本为(　　)。

A. 4%　　B. 4.17%　　C. 16.17%　　D. 20%

44. 甲公司 2012 年 5 月 1 日向乙公司购买了一处位于郊区的厂房,随后出租给丙公司。甲公司以自有资金向乙公司支付总价款的 30%,同时甲公司以该厂房作为抵押向银行借入余下的 70% 的借款。这种租赁方式是(　　)。

A. 经营租赁　　B. 售后回租

C. 杠杆租赁　　D. 直接租赁

45. 下列筹资活动,不会加大财务杠杆作用的是(　　)。

A. 增发普通股　　B. 融资租赁

C. 增发公司债券　　D. 增加银行借款

46. 某公司全部资产为 120 万元,负债比率为 40%,负债利率为 10%,息税前利润为 20 万元,则财务杠杆系数为(　　)。

A. 1.25　　B. 1.32　　C. 1.43　　D. 1.56

47. 当财务杠杆系数为 1 时,下列表述正确的是(　　)。

A. 息税前利润增长率为零　　B. 息税前利润为零

C. 利息为零　　D. 固定成本为零

二、多项选择题

1. 相比普通股筹资,留存收益筹资区别于普通股筹资的特点有(　　)。

A. 资金成本较普通股低　　B. 保持普通股股东的控制权

C. 增强公司的信誉　　D. 筹资限制少

2. 保留盈余的资金成本,正确的说法有(　　)。

A. 它不存在成本问题

B. 它的成本计算不考虑筹资费用

C. 它相当于股东投资于某种股票所要求的必要收益率

D. 在企业实务中一般不予考虑

3. 普通股的资金成本高于债券资金成本的原因包括(　　)。

A. 股利不能抵税
B. 股东的投资风险大于债券持有人的风险
C. 股票筹资要考虑筹资费
D. 股票筹资有固定的股利负担

4. 下列关于资金成本的说法中,正确的有( )。
A. 资金成本的本质是企业为筹集和使用资金而发生的代价
B. 资金成本并不是企业筹资决策中所要考虑的唯一因素
C. 资金成本的计算主要以年度的相对比率为计量单位
D. 资金成本可以视为项目投资或使用资金的机会成本

5. 下列成本费用中属于资金成本中的用资费用的有( )。
A. 借款手续费 B. 股票发行费 C. 利息 D. 股利

6. 吸收直接投资的优点包括( )。
A. 有利于降低企业资金成本 B. 有利于加强对企业的控制
C. 有利于壮大企业经营实力 D. 有利于降低企业财务风险

7. 按卖方提供的信用条件,买方利用信用筹资需付出机会成本的情况有( )。
A. 卖方不提供现金折扣
B. 买方享有现金折扣
C. 放弃现金折扣,在信用期内付款
D. 卖方提供现金折扣,而买方逾期支付

8. 相对于发行债券筹资对企业而言,发行股票筹集资金的优点有( )。
A. 增强公司筹资能力 B. 降低公司财务风险
C. 降低公司资金成本 D. 筹资限制较少

9. 融资租赁的特点有( )。
A. 租赁期较长 B. 不得任意中止租赁合同或契约
C. 租金较高 D. 出租方提供设备维修和人员培训

10. 在短期借款的利息计算和偿还方法中,企业实际负担利率高于名义利率的有( )。
A. 利随本清法付息 B. 贴现法付息
C. 贷款期内定期等额偿还贷款 D. 到期一次偿还贷款

11. 商业信用筹资的优点主要表现为( )。
A. 筹资风险小 B. 筹资成本低
C. 限制条件少 D. 筹资方便

12. 影响融资租赁每期租金的因素有( )。
A. 设备买价 B. 融资租赁成本
C. 租赁手续费 D. 租赁支付方式

13. 与股票筹资方式相比,银行借款筹资的优点包括(　　)。

A. 筹资速度快　　B. 借款弹性大

C. 使用限制少　　D. 筹资费用低

14. 普通股股东的管理权主要表现为(　　)。

A. 投票权　　B. 查账权

C. 阻止越权的权利　　D. 分享盈余权

15. 股票上市对公司的益处有(　　)。

A. 提高公司知名度　　B. 增加经理人员操作自由度

C. 保障公司的商业秘密　　D. 利用股票可收购其他公司

16. 从承租人的目的看,融资租赁是为了(　　)。

A. 通过租赁而融资　　B. 通过租赁取得短期使用权

C. 通过租赁而最后购入该设备　　D. 通过租赁增加长期资金

17. 优先股的优先权主要表现在(　　)。

A. 优先认股　　B. 优先取得股息

C. 优先分配剩余财产　　D. 优先行使投票权

18. 在计算个别资金成本时,不需要考虑所得税影响的有(　　)。

A. 债券成本　　B. 银行成本

C. 普通股成本　　D. 吸收直接投资

19. 下列各项中,属于吸收直接投资与发行普通股筹资方式所共有的缺点有(　　)。

A. 限制条件多　　B. 财务风险大

C. 控制权分散　　D. 资金成本高

20. 相对权益资金的筹资方式而言,长期借款筹资的缺点主要有(　　)。

A. 财务风险较大　　B. 筹资成本较高

C. 筹资数额有限　　D. 筹资速度较慢

21. 在计算个别资金成本时,需要考虑所得税抵减作用的筹资方式有(　　)。

A. 银行借款　　B. 长期债券　　C. 优先股　　D. 普通股

22. 相对于普通股股东而言,优先股股东可以优先行使的权利有(　　)。

A. 优先认股权　　B. 优先表决权

C. 优先分配股利权　　D. 优先分配剩余财产权

23. 在下列各项中,属于企业筹资动机的有(　　)。

A. 设立企业　　B. 企业扩张　　C. 企业收缩　　D. 偿还债务

24. 下列筹资活动会加大财务杠杆作用的有(　　)。

A. 增发普通股　　B. 利用留存收益

C. 增发公司债券　　D. 增加银行借款

25. 利用每股利润无差异点进行企业资本结构分析时，下列说法中正确的有(　　)。

A. 当预计息税前利润高于每股利润无差异点时，采用权益筹资方式比采用负债筹资方式有利

B. 当预计息税前利润高于每股利润无差异点时，采用负债筹资方式比采用权益筹资方式有利

C. 当预计息税前利润低于每股利润无差异点时，采用权益筹资方式比采用负债筹资方式有利

D. 当预计息税前利润等于每股利润无差异点时，两种筹资方式下的每股利润相同

26. 确定企业资本结构时(　　)。

A. 如果企业的销售不稳定，则可较多地筹措负债资金

B. 为了保证原有股东的绝对控制权，一般应尽量避免普通股筹资

C. 若预期市场利率会上升，企业应尽量利用短期负债

D. 所得税税率越高，举借负债利益越明显

27. 企业可以筹集长期资金的方式包括(　　)。

A. 发行债券　　B. 融资租赁

C. 留存收益　　D. 商业信用

28. 下列属于吸收投资者直接投资优点的有(　　)。

A. 手续相对比较简便，筹资费用较低

B. 有利于尽快形成生产能力

C. 资金成本较低

D. 容易进行信息沟通

29. 下列关于每股利润分析法的说法正确的有(　　)。

A. 该法没有考虑资本结构对风险的影响

B. 该法的决策目标是每股收益最大化

C. 该法的决策目标是公司价值最大化

D. 该法适用于资本规模较大的上市公司资本结构优化分析

30. 投资者可以用于作价出资的非货币资产包括(　　)。

A. 实物　　B. 知识产权

C. 土地使用权　　D. 劳务

31. 根据《证券法》规定，公开发行公司债券，应当符合的条件有(　　)。

A. 股份有限公司的净资产不低于人民币3 000万元，有限责任公司的净资产不低于人民币6 000万元

B. 累计债券余额不超过公司净资产的40%

C. 最近3年平均可分配利润足以支付公司债券1年的利息

D. 债券的利率不超过国务院限定的利率水平

32. 下列关于融资租赁的说法正确的有（　　）。

A. 租赁期满后，租赁资产一般要归还给出租人

B. 租赁期较长，接近资产的有效使用期

C. 租赁期间双方无权取消合同

D. 承租企业负责设备的维修、保养

33. 采用销售百分比法预测对外筹资需要量时，下列影响因素的变动会使对外筹资需要量减少的有（　　）。

A. 股利支付率降低　　B. 固定资产增加

C. 留存收益率提高　　D. 销售净利率增大

三、判断题

1. 资金成本是指企业筹资付出的代价，一般用相对数表示，即资金占用费加上资金筹集费之和除以筹资总额。（　　）

2. 资金成本的计算正确与否，是影响筹资决策的主要因素，但不影响投资决策。（　　）

3. "财务费用"账户的发生额可以大体上反映企业资金成本的实际数额。（　　）

4. 采用贴现法付息时，企业实际可用的贷款额会增加，所以其实际利率会高于名义利率。（　　）

5. 补偿性余额的约束有助于降低银行贷款风险，但同时也减少了企业实际可动用借款额，提高了借款的实际利率。（　　）

6. 杠杆租赁的情况下，如果出租人不能按期偿还借款，那么资产的所有权就要转归资金出借者。（　　）

7. 企业发行债券时，相对于抵押债券，信用债券利率较高的原因在于其安全性差。（　　）

8. 融资租赁方式下，租赁期满，设备必须作价转让给承租人。（　　）

9. 某企业按年利率 10% 向银行借款，银行要求维持借款额的 15% 作为补偿性余额，则该项借款的实际利率为 12.5%。（　　）

10. 与普通股筹资相比，债券筹资的资金成本低，筹资风险大。（　　）

11. 发行债券筹资有固定的还本付息义务，要按期支付利息，并且必须到期按面值一次偿还本金。（　　）

12. 留存收益是企业利润所形成的，所以留存收益没有资金成本。（　　）

13. 从出租人的角度来看，杠杆租赁与售后租回或直接租赁并无区别。（　　）

14. 与长期负债融资相比，流动负债融资的期限短、成本低，其偿债风险也相对较小。

(　　)

15. 政府债券一般均属于信用债券。(　　)

16. 企业按照销售百分率法预测出来的资金需要量，是企业在未来一定时期资金需要量的增量。(　　)

17. 发行优先股的上市公司如不能按规定支付优先股股利，优先股股东有权要求公司破产。(　　)

18. 在各种资金来源中，凡是需支付固定性用资费用的资金都能产生财务杠杆作用。(　　)

19. 若债券利息率、筹资费率和所得税税率均已确定，则企业的债务成本与发行债券的价格无关。(　　)

20. 在个别资金成本一定的情况下，综合资金成本取决于资金总额。(　　)

21. 利用吸收直接投资筹集资金没有资金成本。(　　)

22. 在杠杆租赁中，出租人只出购买资产所需的部分资金作为自己的投资，另外以租赁资产作为担保向资金出借者借入其余资金，因此，他既是出租人又是贷款人。(　　)

23. 由于银行借款的利息是固定的，所以相对而言，这一筹资方式的弹性较小。(　　)

24. 融资租赁租金中的租赁手续费包括租赁公司的营业费用和一定的盈利。(　　)

25. 杠杆租赁中出租人的角色很特殊，既是债务人又是债权人，既收取租金又要偿付债务。(　　)

26. 在各种资本来源中，凡是须支付固定性资金成本的资金都能产生财务杠杆作用。(　　)

27. 资本结构优化的每股利润分析法，是从账面价值的角度进行资本结构优化分析的，没有考虑市场反应，即没有考虑风险因素。(　　)

28. 在确定企业的资本结构时，应考虑资产结构的影响。一般地，拥有大量固定资产的企业主要是通过长期负债和发行股票筹集资金的，而拥有较多流动资产的企业主要依赖流动负债筹集资金。(　　)

29. 最佳资本结构是使企业筹资能力最强、财务风险最小的资本结构。(　　)

30. 财务杠杆系数是由企业资本结构决定的，财务杠杆系数越大，财务风险越大。(　　)

31. 企业的资本结构应同资产结构协调一致，比如固定资产比重大的企业应相应保持较高比重的长期资金。(　　)

32. 公司发行债券，债券的利率可以随意确定。(　　)

33. 优先股股东在股东大会上具有优先表决权。(　　)

四、计算题

1.【资料】企业上年年末的资产负债表(简表)如下:

表 3-1　　单位:万元

项目	期末数	项目	期末数
流动资产合计	240	短期借款	46
		应付票据	18
		应付账款	25
长期投资净额	3	预提费用	7
		流动负债合计	96
固定资产合计	65	长期负债合计	32
无形资产及其他资产	12		
		股本	90
		资本公积	35
		留存收益	67
		股东权益合计	192
资产总计	320	权益总计	320

根据历史资料,销售收入与流动资产、固定资产、应付票据、应付账款和预提费用等项目成正比,企业上年度销售收入 4 000 万元,实现净利 100 万元,支付股利 60 万元。预计本年度销售收入 5 000 万元,销售净利率增长 10%,股利支付率与上年度相同。

【要求】

(1)采用销售百分比法预测外部融资额。

(2)假设其他条件不变,预计本年度销售净利率与上年度相同,董事会提议提高股利支付率 10% 以稳定股价,如果从外部融资 20 万元,说明你认为是否可行。

2.【资料】某企业 2008 年至 2012 年的产销量和资金需要数量如下表所示:

表 3-2 某企业产销量与资金需要量表

年度	产销量(X)(万吨)	资金需要量(Y)(万元)
2008	6.0	500
2009	5.5	475
2010	5.0	450
2011	6.5	520
2012	7.0	550

【要求】若预测 2013 年的产销量为 7.8 万吨,试建立资金的回归直线方程,并预测 2013 年的资金需要量。

3.【资料】ABC 公司 2012 年有关的财务数据如下:

表 3-3 单位:万元

项目	金额	占销售收入的百分比
流动资产	4 000	100%
长期资产	2 600	无稳定关系
资产合计	6 600	
短期借款	600	无稳定关系
应付账款	400	10%
长期负债	1 000	无稳定关系
实收资本	3 800	无稳定关系
留存收益	800	无稳定关系
负债及所有者权益合计	6 600	
销售额	4 000	100%
净利	200	5%
当年利润分配额	60	

【要求】假设该公司实收资本一直保持不变,回答以下互不关联的两个问题:

(1)假设 2013 年计划销售收入为 5 000 万元,需要补充多少外部融资(保持目前的利润分配率、销售净利率不变)?

(2)若利润留存率为 100%,销售净利率提高到 6%,目标销售额为 4 500 万元,需要补充多少外部融资(保持其他财务比率不变)?

4.【资料】某公司向银行借入短期借款 10 000 元,支付银行贷款利息的方式同银行协商后的结果是:方案一:采用收款法付息,利息率为 14%;方案二:采用贴现法付息,利息率为 12%;方案三:利息率为 10%,银行要求的补偿性余额比例为 20%。

【要求】如果你是该公司财务经理,你选择哪种借款方式?并说明理由。

5.【资料】某公司拟发行一种面额为 500 元、年利率为 10%、期限为 5 年的债券。假设市场利率为8%。

【要求】

(1)计算到期一次还本付息方式下的发行价格。

(2)计算本金到期一次偿还,利息每年年末支付一次方式下的发行价格。

(3)计算本金到期一次偿还,利息每半年末支付一次方式下的发行价格。

6.【资料】某企业购入20万元商品,卖方提供的信用条件为"2/10,n/30",若企业由于资金紧张,延至第50天付款。

【要求】计算该企业放弃折扣的成本是多少。

7.【资料】某公司拟采购一批零件,价值5 400元,供应商规定的付款条件如下:

立即付款,付5 238元;第20天付款,付5 292元;第40天付款,付5 346元;第60天付款,付全额。每年按360天计算。

【要求】

(1)假设银行短期贷款利率为15%,计算放弃现金折扣的成本(比率),并确定对该公司最有利的付款日期和价格。

(2)假设目前有一短期投资,收益率为40%,确定对该公司最有利的付款日期和价格。

8.【资料】某公司2012年销售收入为20 000万元,销售净利润率为12%,净利润的60%分配给投资者。2012年12月31日的资产负债表(简表)如下:

表3-4 资产负债表(简表)

2012年12月31日 单位:万元

资产	期末余额	负债及所有者权益	期末余额
货币资金	1 000	应付账款	1 000
应收账款净额	3 000	应付票据	2 000
存货	6 000	长期借款	9 000
固定资产净值	7 000	实收资本	4 000
无形资产	1 000	留存收益	2 000
资产总计	18 000	负债及所有者权益总计	18 000

该公司2013年计划销售收入比上年增长30%,为实现这一目标,公司需新增设备一台,价值148万元。据历年财务数据分析,公司流动资产与流动负债随销售额同比率增减。公司如需对外筹资,可按面值发行票面年利率为10%、期限为10年、每年年末付息的公司债券解决。假定该公司2013年的销售净利率和利润分配政策与上年保持一致,公司债券的发行费用可忽略不计,适用的企业所得税税率为25%。

【要求】

(1)计算2013年公司需增加的营运资金。

(2)预测2013年需要对外筹集资金量。

(3)计算发行债券的资金成本。

9.【资料】甲公司需用一台设备，买价 150 000 元，欲向 ABC 租赁公司租入，双方约定每半年支付一次租金 2 万元，甲公司需用该设备 5 年，折现率为 6%。

【要求】

(1)试判断甲公司是应自行购买还是租用此设备。

(2)若 ABC 公司欲收回 8% 的租赁成本，说明租期为多少才可出租。(期数取整)

(3)若采用先付租金的方式，ABC 公司欲收回 8% 的租赁成本，说明租期为多少才可出租。(期数取整)

10.【资料】某企业采用融资租赁方式从租赁公司租入设备，设备价款 100 万元，租期 6 年，到期后设备归企业所有。双方商定的折现率为 14%。现有两种付款方式可供企业选择：

(1)从租赁当年的年末起每年年末等额付款 25 万元。

(2)从租赁当年的年初起每年年初等额付款 23 万元。

【要求】

(1)计算企业应该支付的每年后付租金和先付租金是多少。

(2)根据(1)的计算结果判断企业选择何种付款方式较合理。

11.【资料】某公司拟筹资 5 000 万元，其中按面值发行债券 2 000 万元，票面利率为 10%，筹资费率 2%；发行优先股 800 万元，股息率为 12%，筹资费率 3%；发行普通股2 200 万元，筹资费率 5%，预计第一年股利率为 12%，以后每年按 4% 递增，所得税税率为 25%。

【要求】

(1)计算债券资金成本。

(2)计算优先股资金成本。

(3)计算普通股资金成本。

(4)计算综合资金成本。

12.【资料】MC 公司 2013 年年初的负债及所有者权益总额为 9 000 万元，其中，公司债券为 1 000 万元(按面值发行，票面年利率为 8%，每年年末付息，3 年后到期)；普通股股本为 4 000 万元(面值为 1 元，4 000 万股)；资本公积为 2 000 万元；其余为留存收益。

2013 年该公司为扩大生产经营规模，需要再筹集资金 1 000 万元，有以下两个筹资方案可供选择。方案一：增发普通股，预计每股发行价格为 5 元；方案二：增加发行同类公司债券，按面值发行，票面年利率为 8%。预计 2013 年可实现息税前利润 2 000 万元，适用所得税税率为 25%。

【要求】

(1)计算增发股票方案的下列指标：

①2013 年增发普通股股份数；

②2013 年全年债券利息。

(2)计算增发公司债券方案下的 2013 年全年债券利息。

(3)计算每股利润无差异点，并据此进行筹资决策。

13.【资料】宇华公司在筹资过程中通常采用多种筹资方式,该公司本年进行了以下筹资行为:

(1)取得10年期借款100万元,年利率为8%,每年付息一次,到期一次还本。已知公司所得税税率为30%,筹资费率为1%。

(2)发行5年期的债券,面值为1 200万元,票面年利率为10%,每年付息一次,发行价为1 200万元,发行费用率为3%,所得税税率为30%。

(3)按面值发行100万元的优先股,筹资费用率为4%,年优先股股利率为10%。

(4)发行普通股600万股,每股10元,筹资费用率为5%,第一年年末每股发放股利2元,预计未来股利每年增长率为4%。

(5)留存收益为600万元。

【要求】计算各种筹资方式的个别资金成本和综合资金成本。

14.【资料】万方公司原有资本1 000万元,其中债务资本400万元(每年负担利息30万元),普通股资本600万元(发行普通股12万股,每股面值50元),企业所得税税率为30%。由于扩大业务,需追加筹资300万元,其筹资方式有如下两种:

一是全部发行普通股:增发6万股,每股面值50元;

二是全部按面值发行债券:债券利率为10%。

【要求】

(1)计算普通股筹资与债券筹资每股收益无差异点的息税前利润。

(2)假设扩大业务后的息税前利润为300万元,确定公司应当采用哪种筹资方式(不考虑风险)。

15.【资料】鸿远公司拟发行8年期债券进行筹资,债券票面金额为1 200元,票面利率为10%,当时市场利率为10%。

【要求】计算以下两种情况下该公司债券发行价格应为多少才是合适的:

(1)单利计息,到期一次还本付息。

(2)每年付息一次,到期一次还本。

16.【资料】万盛公司采用融资租赁的方式于2011年1月1日融资租入一台设备,设备价款为60 000元,租期为10年,到期后设备归企业所有,租赁双方商定采用的折现率为20%。

【要求】计算并回答下列问题:

(1)计算每年年末等额支付的租金额。

(2)若租赁双方商定采用的折现率为18%,计算每年年初等额支付的租金额。

(3)如果企业的资金成本为16%,说明哪一种支付方式对企业有利。

17.【资料】远达公司欲采购一批材料,目前正面对着A、B两家提供不同信用条件的供应商,A公司的信用条件为"3/10,n/40",B公司的信用条件为"2/20,n/40"。

【要求】请回答下列问题并说明理由:

(1)已知该公司目前有一投资机会,投资收益率为40%,该公司是否应享受A公司提供的现金折扣?

（2）如果该公司准备放弃现金折扣，那么应选择哪家供应商？如果该公司准备享有现金折扣，那么应选择哪家供应商？

五、综合题

1.【资料】巨龙企业 2012 年 12 月 31 日的资产负债表（简表）如下：

表 3-5　　资产负债表（简表）

2012 年 12 月 31 日　　单位：万元

资产	期末数	负债及所有者权益	期末数
货币资金	300	应付账款	300
应收账款净额	900	应付票据	600
存货	1 800	长期借款	2 700
固定资产净值	2 100	实收资本	1 200
无形资产	300	留存收益	600
资产总计	5 400	负债及所有者权益总计	5 400

该企业 2012 年的主营业务收入净额为 6 000 万元，主营业务净利率为 10%，净利润的 50% 分配给投资者。预计 2013 年主营业务收入净额比上年增长 25%，为此需要增加固定资产 200 万元，增加无形资产 100 万元。根据有关情况分析，企业流动资产项目和流动负债项目将随主营业务收入同比例增减。

假定该企业 2013 年的主营业务净利率和利润分配政策与上年保持一致，该年度长期借款不发生变化；2013 年年末固定资产净值和无形资产合计为 2 700 万元。2013 年企业需要增加对外筹集的资金由投资者增加投入解决。

【要求】

（1）计算 2013 年需要增加的营运资金额。

（2）预测 2013 年需要增加对外筹集的资金额（不考虑计提法定盈余公积的因素；以前年度的留存收益均已有指定用途）。

（3）预测 2013 年年末的流动资产额、流动负债额、资产总额、负债总额和所有者权益总额。

（4）预测 2013 年的速动比率和产权比率。

（5）预测 2013 年的流动资产周转次数和总资产周转次数。

（6）预测 2013 年的净资产收益率。

（7）预测 2013 年的资本积累率和总资产增长率。

2.【资料】某公司 2012 年拥有资金 2 000 万元，其中，长期借款 800 万元，年利率 10%；权益资金 1 200 万元，股数 100 万股，上年支付的每股股利 2 元，预计股利增长率为

5%，目前价格为20元。该公司计划筹集资金100万元投入新的投资项目，新项目投产后预计可实现息税前盈余480万元，企业适用的所得税税率为40%。有两种筹资方案：

方案一：增加长期借款100万元，借款利率上升到12%，股价下降到19元，假设公司其他条件不变。

方案二：增发普通股47 619股，普通股市价增加到每股21元，假设公司其他条件不变。

【要求】

(1)计算该公司筹资前加权平均资金成本。

(2)分别计算采用方案一和方案二后的加权平均资金成本。

(3)计算采用方案一和方案二后的每股利润无差异点。

(4)分别采用比较资金成本法和每股利润无差异点法确定该公司最佳的资本结构，并解释两者决策一致或不一致的原因是什么。

六、案例分析

商业信用——信誉筹资案例

总部位于深圳的中国国际海运集装箱(集团)股份有限公司(以下简称中集)曾经完成一项耗时一年半的大工程：与荷兰银行合作，成功达成3年期8 000万美元的应收账款证券化融资项目，原本半年才能收回的资金，中集两个星期就拿到了。这开创了国内企业通过资产证券化途径进入国际资本市场的先河。

资产证券化(简称ABCP)于20世纪70年代末在美国兴起，是一种国际流行的融资方式。应收账款因其流动性好，较易被证券化。除了已经发生的账款外，一些未发生的、可预期的现金收入也可以证券化，比如民航公司可预期的机票收入等。

在使用应收账款证券化这种融资方式之前，中集主要采用商业票据进行国际融资，于1996年和1997年分别发行了5 000万美元、7 000万美元的1年期商业票据，但是这种融资方式的稳定性直接受到国际经济和金融市场的影响。1998年，由于亚洲金融危机的影响，部分外资银行收缩了在亚洲的业务。经过多方努力，中集虽然成为金融危机后国内第一家成功续发商业票据的公司，但规模降为5 700万美元。

为保持集团资本结构的稳定性并进一步降低融资成本，中集希望寻找一种好的办法替代商业票据。这时，一些国外银行向中集推荐应收账款证券化，经过双向选择，中集决定与荷兰银行合作，采用以优质应收账款作为支持来发行商业票据的ABCP方案。

为此，中集首先要把上亿美元的应收账款进行设计安排，结合荷兰银行提出的标准，挑选优良的应收账款组合成一个资金池，然后交给信用评级公司评级。中集委托两家国际知名的评级机构——标准普尔和穆迪，得到了A1+(标准普尔指标)和P1(穆迪指标)的分数，这是短期融资信用的最高级别。凭着优秀的级别，这笔资产得以注入荷兰银行旗下的资产购买公司TAPCO公司建立的大资金池。

TAPCO公司是在国际票据市场上享有良好声誉的公司,其大资金池汇集的几千亿美元的资产,更是经过严格评级的优良资产。由TAPCO公司在商业票据市场上向投资者发行商业票据,获得资金后,再间接付至中集的专用账户。项目完成后,中集只需花两周时间就可获得本应138天才能收回的现金。而作为服务方的荷兰银行则可收取200多万美元的费用。

这种新型的融资方式为中集带来的好处是显而易见的。首先,由于有公司优质应收账款作为支持,ABCP的发行及成本受国际债务和资本市场的影响较少。也就是说,投资者在评判风险时,主要考虑的是中集应收账款,即客户的风险,而不是中集的公司风险及国家风险。这一优点在亚洲金融危机,特别是出现广信事件等影响中国公司在国际资本市场直接融资的不利事件后显得更加突出。而中集也将商业票据的期限锁定为3年,只要美国商业票据市场继续存在,应收账款质量一直保持良好,商业票据的发行就无须承担任何展期风险。

其次,带来了更为理想的财务结构。采用ABCP方式,中集将应收账款直接出售给海外的特定用途公司(SPV),再由该公司将应收账款通过荷兰银行的融资专用公司发行商业票据。因此,对中集而言,目前金额较大的应收账款中的主要部分将直接从资产负债表中剔除,从而达到降低负债比率、优化集团财务状况的目的。以中集1998年10月底的数据测算,在发行8 000万美元商业票据后,中集的资产负债率将从原来的57.7%下降到50.7%。

再次,获得了低成本资金。当时,中国银行的3年期美元债券成本为LIBOR+274 BPS。中国财政部发行的3年期美元债券成本为LIBOR+120 BPS。中集1998年续发的5 700美元的1年期商业票据综合成本为LIBOR+91.2 BPS。而以ABCP方式发行的8 000万美元3年期综合成本为LIBOR+85 BPS,融资成本大大降低(LIBOR是伦敦金融同业拆借利率,BPS是衡量资金发行成本的单位)。

由于应收账款证券化在国内尚无先例,中集做这个项目也遇到了很多超乎想象的困难,前后经历了一年半的时间。最初的障碍在于缺乏政策条例的支持,中集必须向国家外汇管理局申请,同时还需咨询国内外的律师关于应收账款这种资产能否买卖以及能否卖到海外市场等问题。由于得到了国家外汇管理局的大力支持,中集在一个多月之后拿到了批文,这才开始与荷兰银行谈判,进入实质性的阶段。

进入这一阶段后,更多的困难接踵而至。由于资产证券化在中国还是个新的会计科目,如何记账都是问题;还有大量的协调工作,比如集团与子公司、集团与客户,因为要卖应收账款还需征得客户的同意,应收账款证券化比商业票据复杂百倍,光汇总的文件就达200多页。

一家20多年没有出过一笔坏账的公司,它的信誉已经可以一次兑换8 000万美元。

实施这种项目的首要条件是应收账款的质量要良好。而这一点首先取决于客户的付款信用,中集之所以成功,就是因为20多年来没有出现过一笔坏账。中集有一批高质量的国际化客户群,90%以上的客户属于国际经合组织成员国,不少客户本身又是荷兰银行等投资机构的合作伙伴。其次,应收账款的期限也是一个重要因素。一般来说,半年之内的应收账款银行较为接受,此次中集应收账款基本上是120多天的期限。另外,银行对应收账款涉及的国家也有要求,发达国家的客户其应收账款较易证券化。

第二个重要条件是企业内部管理要良好。国外银行非常重视这一点。企业能否在较快的时间内拿出完整、细致的应收账款数据,其实从一个侧面反映了这个企业的内部管理水平。中集此次卖出的8 000万美元应收账款涉及几千张订单,对中集的内部管理是一次考验。过去中集的应收账款都是由各子公司分别登记,集团总部根本不能一下子说清整体的情况。通过这次融资,中集利用电子网络对集团每一笔应收账款进行及时登记、更新、报送、出售,将原有分散于各子公司的应收账款集中管理并加以规范,从而在总体上提高了集团的管理水平。

【要求】 请思考信誉能筹资吗?中集是如何利用信誉融资的?

第4章 营运资金

一、单项选择题

1. 流动资产减去流动负债后的差额为(　　)。
   A. 毛营运资金　B. 净营运资金　C. 净资产　D. 存货
2. 现金周转期包括(　　)。
   A. 应收账款周转期和应付账款周转期
   B. 应收账款周转期和存货周转期
   C. 应付账款周转期和存货周转期
   D. 应收账款周转期、应付账款周转期和存货周转期
3. 企业置存现金的原因,主要是为了满足(　　)。
   A. 交易性、预防性、收益性需要　B. 交易性、投机性、收益性需要
   C. 交易性、预防性、投机性需要　D. 预防性、收益性、投机性需要
4. 企业在确定为应付紧急情况而持有的现金数额时,不需考虑的因素是(　　)。
   A. 企业愿意承担风险的程度　B. 企业临时举债能力的强弱
   C. 金融市场投资机会的多少　D. 企业对现金流量预测的可靠程度
5. 企业为满足未来现金流量的不确定性需要而持有现金的动机属于(　　)。
   A. 交易动机　B. 投机动机　C. 预防动机　D. 投资动机
6. 企业为满足交易动机而持有现金,所需考虑的主要因素是(　　)。
   A. 企业销售水平的高低　B. 企业临时举债能力的强弱
   C. 企业对待风险的态度　D. 金融市场投机机会的多少
7. 下列有关现金的成本中,属于固定成本性质的是(　　)。
   A. 现金的持有成本　B. 占用现金的机会成本
   C. 转换成本中的证券过户费　D. 现金短缺成本
8. 关于现金持有成本正确的说法是(　　)。
   A. 企业因保留一定现金余额而增加的管理费及丧失的再投资收益
   B. 企业用现金购入有价证券以及转让有价证券换取现金时付出的交易费用
   C. 因现金持有量不足而无法通过有价证券变现加以补充给企业造成的损失
   D. 企业由于现金保管不当而造成的损失

9. 为了应付各种现金支付需要，企业确定的现金余额一般应(　　)。
A. 大于各种动机所需现金余额之和
B. 等于各种动机所需现金余额之和
C. 适当小于各种动机所需现金余额之和
D. 根据具体情况而定，不用考虑各种动机所需现金余额之和

10. 下列项目中，属于持有现金的机会成本的是(　　)。
A. 现金管理人员工资　　B. 现金安全措施费用
C. 现金被盗损失　　D. 现金的再投资收益

11. 通常情况下，企业持有现金的机会成本(　　)。
A. 与现金余额成反比　　B. 与持有时间成反比
C. 是决策的无关成本　　D. 与现金余额成正比

12. 下列各项成本中，与现金持有量呈反方向动态关系的是(　　)。
A. 机会成本　　B. 短缺成本
C. 管理成本　　D. 储存成本

13. 成本分析模式下的最佳现金持有量是(　　)之和最小的现金持有量。
A. 机会成本和转换成本　　B. 持有成本和转换成本
C. 机会成本和短缺成本　　D. 持有成本、短缺成本和转换成本

14. 存货模式下，最佳现金持有量应是(　　)之和保持最低的现金持有量。
A. 机会成本和短缺成本　　B. 机会成本和管理成本
C. 机会成本和转换成本　　D. 管理成本和转换成本

15. 在确定最佳现金持有量时，成本分析模式和存货模式均需考虑的因素是(　　)。
A. 持有现金的机会成本　　B. 固定性转换成本
C. 现金短缺成本　　D. 现金保管费用

16. 确定最佳现金持有量的成本分析模式和存货模式均不考虑的因素是(　　)。
A. 管理成本　　B. 机会成本
C. 转换成本　　D. 短缺成本

17. 利用邮政信箱法和银行业务集中法进行现金回收管理的共同优点是(　　)。
A. 可以缩短支票邮寄时间　　B. 可以降低现金管理成本
C. 可以减少收账人员　　D. 可以缩短发票邮寄时间

18. 企业在进行现金管理时，可利用的现金浮游量是指(　　)。
A. 企业账户所记存款余额
B. 银行账户所记企业存款余额
C. 企业账户上现金余额与银行账户上所示的存款余额之差
D. 企业实际现金余额超过最佳现金持有量之差

19. 下列措施中，不能延缓现金支出时间的是(　　)。
A. 邮政信箱法　　B. 合理利用现金浮游量
C. 改进工资支付方式　　D. 推迟应付款的支付

20. 某企业5月5日采购材料时，销货方的现金折扣条件为“2/10，n/30”。该企业在5月10日有能力付款，但直到5月15日才支付这笔款项。该企业是运用了现金日常管理策略中的(　　)。

A. 采用汇票付款　　B. 推迟应付款的支付

C. 使用现金浮游量　　D. 加速收款

21. 下列各项中，不属于应收账款成本构成要素的是(　　)。

A. 机会成本　　B. 管理成本　　C. 坏账成本　　D. 短缺成本

22. 因资金占用在应收账款上而放弃的投资于其他方面的收益，称为应收账款的(　　)。

A. 管理成本　　B. 坏账成本　　C. 短缺成本　　D. 机会成本

23. 下列各项中，属于应收账款机会成本的是(　　)。

A. 应收账款占用资金的应计利息　　B. 客户资信调查费用

C. 坏账损失　　D. 收账费用

24. 信用标准通常用(　　)来表示。

A. 信用期限　　B. 预期的坏账损失率

C. 折扣期限　　D. 现金折扣

25. 信用的“5C”系统中，资本是指(　　)。

A. 顾客的财务实力和财务状况，表明顾客可能偿还债务的背景

B. 顾客拒付款项或无力支付款项时能被用作抵押的资产

C. 影响顾客付款能力的经济环境

D. 企业流动资产的数量和质量以及与流动负债的比例

26. 在影响客户资信程度的因素中，决定企业是否给予客户信用的首要因素是(　　)。

A. 资本　　B. 抵押　　C. 能力　　D. 信誉

27. 下列各项中，不属于信用条件的是(　　)。

A. 信用期限　　B. 现金折扣　　C. 折扣期限　　D. 信用等级

28. 对信用期限的叙述，正确的是(　　)。

A. 信用期限越长，企业坏账风险越小

B. 信用期限越长，表明客户享受的信用条件越优越

C. 延长信用期限，不利于销售收入的扩大

D. 信用期限越长，应收账款的机会成本越低

29. 企业在进行应收账款管理时，除了要合理确定信用标准和信用条件外，还要合理确定(　　)。

A. 现金折扣期间　　B. 现金折扣比率

C. 信用期间　　D. 收账政策

30. 在其他因素不变的情况下，企业采用积极的收账政策，可能导致的后果是(　　)。

A. 坏账损失增加　　B. 应收账款投资增加

C. 收账成本增加　　　　D. 平均收账期延长

31. 某企业规定的信用条件为"2/15,1/20,n/30",一客户从该企业购入原材料,价值10 000 元,并于第 19 天付款,则该客户实际支付的货款为(　　)。

A. 1 000 元　　B. 9 000 元　　C. 9 800 元　　D. 9 900 元

32. 某公司预计 2013 年应收账款的总计金额为 3 000 万元,必要的现金支付为 2 100 万元,应收账款收现以外的其他稳定可靠的现金流入总额 600 万元,则该公司 2013 年的应收账款收现保证率为(　　)。

A. 70%　　B. 20.75%　　C. 50%　　D. 28.57%

33. 下列进货成本中属于变动成本的是(　　)。

A. 采购部门管理费用　　　　B. 采购人员的工资

C. 采购人员的差旅费　　　　D. 预付订金的机会成本

34. 以下各项与存货有关的成本费用中,不影响经济进货批量的是(　　)。

A. 专设采购机构的基本开支　　　　B. 采购人员的差旅费

C. 存货资金占用费　　　　D. 存货的保险费

35. 下列项目中,属于存货机会成本的是(　　)。

A. 存货占用资金应计利息　　　　B. 存货的采购成本

C. 存货每次进货费用　　　　D. 存货的保险费用

36. 下列项目中,属于存货储存成本的是(　　)。

A. 进货差旅费　　　　B. 存货储存利息成本

C. 由于材料中断造成的停工损失　　　　D. 入库检验费

37. 下列各项属于存货缺货成本的是(　　)。

A. 因储存存货而发生的仓储费用　　　　B. 因储存存货而发生的入库搬运费

C. 存货残损霉变损失　　　　D. 成品供应中断丧失的销售机会的损失

38. 下列存货储存成本与决策无关的是(　　)。

A. 存货资金的应计利息　　　　B. 存货残损或变质损失

C. 仓库折旧费　　　　D. 存货的保险费用

39. 在供货企业不提供数量折扣的情况下,影响经济进货批量的因素是(　　)。

A. 采购成本　　　　B. 储存成本中的固定成本

C. 进货成本中的固定成本　　　　D. 进货成本中的变动成本

40. 实行数量折扣的经济进货批量模式应考虑的成本因素是(　　)。

A. 进货费用和储存成本　　　　B. 进货成本和储存成本

C. 进价成本和储存成本　　　　D. 进货费用、储存成本和缺货成本

41. 基本模式下的存货经济进货批量的决定因素不包括(　　)。

A. 变动性进货费用　　　　B. 变动性储存成本

C. 机会成本　　　　D. 存货的进价

42. 下列各项中,与经济进货批量无关的因素是(　　)。

A. 每日消耗量　　　　B. 每日供应量

C. 储存的变动成本 D. 交货期

43. 某企业全年需要耗用某材料 1 600 吨,单位储存成本为 2 元,每次的订货成本为 900 元,则该批材料的经济进货批量为( )。

A. 4 000 吨 B. 1 000 吨 C. 1 200 吨 D. 1 600 吨

44. 某企业全年需要 A 材料 400 件,每次的订货成本为 10 元,每件材料的年储存成本为 5 元,则每年最佳订货次数为( )。

A. 10 次 B. 8 次 C. 5 次 D. 4 次

45. 关于存货保利储存天数,下列说法正确的是( )。

A. 同每日变动储存费成反比 B. 同固定储存费成正比

C. 同目标利润成正比 D. 同销售毛利无关

46. 采用存货 ABC 分类管理法对存货进行控制时,应当重点控制的是( )。

A. 数量较多的存货 B. 占用资金较多的存货

C. 品种较多的存货 D. 库存时间较长的存货

47. 在对存货实行 ABC 分类管理的情况下,A、B、C 三类存货的品种数量比重大致为( )。

A. 0.7∶0.2∶0.1 B. 0.1∶0.2∶0.7

C. 0.5∶0.3∶0.2 D. 0.2∶0.3∶0.5

48. 在一定时期现金需求总量一定的情况下,同现金持有量成反比的是( )。

A. 转换成本 B. 机会成本

C. 持有成本 D. 管理成本

49. 某企业年赊销额 600 万元,应收账款周转次数为 9 次,变动成本率为 70%,资金成本率为 10%,则应收账款机会成本为( )。(一年按 360 天计算)

A. 3.89 万元 B. 4.67 万元

C. 2.62 万元 D. 4.28 万元

50. 下列公式正确的是( )。

A. 现金周转期 = 存货周转期 + 应收账款周转期 − 应付账款周转期

B. 现金周转期 = 存货周转期 + 应收账款周转期 + 应付账款周转期

C. 现金周转期 = 存货周转期 − 应收账款周转期 − 应付账款周转期

D. 现金周转期 = 存货周转期 − 应收账款周转期 + 应付账款周转期

51. 某企业全年需用 A 材料 2 400 吨,每次的订货成本为 400 元,每吨材料年储备成本 12 元,则每年最佳订货次数为( )。

A. 12 次 B. 6 次 C. 3 次 D. 4 次

52. 各种持有现金的动机中,属于应付突发事件的需求是( )。

A. 交易性需求 B. 预防性需求

C. 投机性需求 D. 长期投资需求

53. 企业在日常的生产经营活动中要保有一定数量的现金,下列不属于企业持有现金动机的是( )。

A. 交易性需要　　B. 投机性需要
C. 预防性需要　　D. 弥补性需要

二、多项选择题

1. 一般来说，当企业的产销量不断上升时，营运资金的状况有（　　）。
A. 流动资产增加　　B. 流动资产减少
C. 流动负债增加　　D. 流动负债减少
2. 下列关于流动负债的利弊的说法正确的有（　　）。
A. 流动负债的主要经营优势包括容易获得、具有灵活性和有效地为季节性信贷需要进行融资
B. 短期借款一般比长期借款具有更多的约束性条款
C. 流动负债是为流动资产中的临时性的、季节性的增长进行融资的主要工具
D. 流动负债的一个经营劣势是需要持续地重新谈判或滚动安排负债
3. 下列各项成本中，与现金持有量成反比例关系的有（　　）。
A. 管理成本　　B. 机会成本
C. 转换成本　　D. 短缺成本
4. 现金支出管理的关键是尽可能延缓现金的支出时间。延期支付现金的方法主要有（　　）。
A. 合理利用现金浮游量　　B. 推迟支付应付款
C. 采用汇票付款　　D. 改进工资的支付方式
5. 信用标准过高的可能结果包括（　　）。
A. 丧失很多销售机会　　B. 降低违约风险
C. 扩大市场占有率　　D. 减少坏账费用
6. 赊销在企业生产经营中所发挥的作用有（　　）。
A. 增加现金　　B. 减少存货
C. 促进销售　　D. 减少借款
7. 影响应收账款机会成本的因素有（　　）。
A. 应收账款平均余额　　B. 变动成本率
C. 销售成本率　　D. 资金成本率
8. 企业的流动资产具有的特点有（　　）。
A. 流动性较强
B. 各种不同形态的流动资产在空间上并存
C. 数量上具有波动性
D. 投资回收期比较长
9. 流动负债融资具有的特点有（　　）。
A. 利息成本较低　　B. 融资速度快
C. 融资风险小　　D. 企业选择的余地较大

10. 企业在确定为应付紧急情况而持有现金数额时，需考虑的因素有(　　)。
A. 企业销售水平的高低　　B. 企业临时举债能力的强弱
C. 金融市场投资机会的多少　　D. 企业对现金流量预测的可靠程度

11. 企业持有现金的成本包括(　　)。
A. 历史成本　　B. 短缺成本
C. 持有成本　　D. 转换成本

12. 现金持有成本包括(　　)。
A. 管理费用　　B. 再投资收益
C. 委托买卖佣金　　D. 短缺现金的损失

13. 确定最佳现金持有量的模式主要包括(　　)。
A. 现金周转期模式　　B. 线性模式
C. 成本分析模式　　D. 存货模式

14. 成本分析模式下，与最佳现金持有量有关的成本包括(　　)。
A. 机会成本　　B. 管理成本
C. 转换成本　　D. 短缺成本

15. 用存货模式分析确定最佳现金持有量时，应予考虑的成本费用项目有(　　)。
A. 现金管理费用　　B. 现金与有价证券的成本
C. 持有现金的机会成本　　D. 现金短缺成本

16. 企业因持有应收账款而发生的成本有(　　)。
A. 机会成本　　B. 管理成本
C. 现金折扣成本　　D. 坏账成本

17. 应收账款的管理成本包括(　　)。
A. 资信调查费用
B. 收账费用
C. 应收账款无法收回带来的损失
D. 资金投放在应收账款上而丧失的其他收入

18. 下列各项中，属于信用政策包括的内容有(　　)。
A. 信用标准　　B. 信用期限
C. 现金折扣期限和折扣率　　D. 收账政策

19. 按照“5C”系统评估法，调查客户资信程度应考虑的因素有(　　)。
A. 客户的债权人　　B. 客户的资本
C. 客户的信用品质　　D. 客户的偿付能力

20. 信用标准过高导致的结果有(　　)。
A. 降低违约风险　　B. 降低收账费用
C. 降低销售水平　　D. 影响企业竞争能力

21. 对信用标准进行定量分析，是为了(　　)。
A. 确定客户拒付账款的风险，即坏账损失率

B. 具体确定客户的信用等级

C. 扩大销售收入

D. 降低销售成本

22. 下列有关信用期限的表述中，正确的有（　　）。

A. 缩短信用期限可能增加当期现金流量

B. 延长信用期限会扩大销售

C. 降低信用标准意味着将延长信用期限

D. 延长信用期限将增加应收账款的机会成本

23. 企业确定信用条件时，应当考虑的因素主要有（　　）。

A. 信用期限长短与预期销售量的关系

B. 信用期限长短与预期坏账损失的关系

C. 现金折扣的成本

D. 现金折扣后的预期收益

24. 提供比较优惠的信用条件，可增加销售量，但也会付出一定代价，主要有（　　）。

A. 应收账款机会成本　　B. 收账费用

C. 坏账损失　　D. 现金折扣成本

25. 下列对现金折扣的表述正确的有（　　）。

A. 折扣率越高，赊销企业付出的代价越低

B. 规定现金折扣能增加企业的销售额

C. 现金折扣是销售量大而给予的价格优惠

D. 规定现金折扣的目的是加快应收账款的收回

26. 某企业给予客户的信用条件为“2/15，n/30”，则下列说法正确的有（　　）。

A. 数量折扣率为 2%　　B. 现金折扣率为 2%

C. 折扣期限为 15 天　　D. 信用期限为 30 天

27. 企业如果采用较为积极的收账政策可能会（　　）。

A. 增加应收账款投资　　B. 减少坏账损失

C. 减少应收账款投资　　D. 增加坏账损失

28. 储备存货的有关成本包括（　　）。

A. 进货成本　　B. 储存成本

C. 缺货成本　　D. 销售成本

29. 以下属于缺货成本的有（　　）。

A. 材料供应中断而引起的停工损失

B. 材料供应中断而引起的信誉损失

C. 成品供应中断而引起的信誉损失

D. 成品供应短缺而引起的销售机会的丧失

30. 通常，在基本模型下确定存货经济进货批量时，应考虑的成本有（　　）。

A. 采购成本　　B. 进货费用

C. 储存成本　　　　D. 缺货成本

31. 在确定经济进货批量时,下列表述中正确的有(　　)。

A. 随每次进货批量的变动,进货费用和储存成本成反方向变化

B. 储存成本的高低与每次进货批量成正比

C. 订货成本的高低与每次进货批量成反比

D. 年变动储存成本与年变动进货费用相等时的采购批量,即为经济进货批量

32. 某企业甲材料采用批进批出方式,影响该材料获利或亏损额的因素有(　　)。

A. 变动储存费　　　　B. 固定储存费

C. 保本储存天数　　　　D. 实际储存天数

33. 存货 ABC 分类管理法对存货分类的依据有(　　)。

A. 存货金额比重　　　　B. 存货品种比重

C. 库存时间　　　　D. 库存地点

三、判断题

1. 营运资金就是流动资产。(　　)

2. 现金循环周期的变化会直接影响所需营运资金的数额。一般来说,存货周转期、应收账款周转期和应付账款周转期越短,所需营运资金就越少。(　　)

3. 企业的流动资产越少,流动负债越多,企业的短期偿债能力越强。(　　)

4. 企业持有的现金总额通常小于各种动机所需现金余额之和,且各种动机所需保持的现金,并不要求必须是货币形态。(　　)

5. 企业现金持有量过多会降低企业的收益水平。(　　)

6. 现金管理的目标就是在现金的流动性与收益性之间进行权衡选择。企业应把闲置现金投入到流动性高、风险低、交易期限短的金融工具中,以期获得较多的收入。(　　)

7. 预防性现金需要是指持有现金以防发生意外的支付,它与企业现金流量的确定性以及企业的借款能力有关。(　　)

8. 如果企业借款能力较强,保障程度较高,则可适当增加预防性现金的数额。(　　)

9. 企业持有现金所发生的管理费用是一种固定成本,与现金持有量之间无明显的比例关系。(　　)

10. 现金的短缺成本随现金持有量的增加而增加,随现金持有量的减少而减少,即与现金持有量成正相关。(　　)

11. 现金持有成本中的再投资收益与持有现金量的多少成反方向变化。(　　)

12. 在利用存货模式计算最佳现金持有量时,一般不考虑机会成本。(　　)

13. 在利用成本分析模式和存货模式确定现金最佳持有量时,都可以不考虑现金管理成本的影响。(　　)

14. 采用邮政信箱法或银行业务集中法可以缩短收现时间的原因是这两种方法可以

使企业加速支票邮寄时间、支票停留时间和支票结算时间。(　　)

15. 银行业务集中法能加速现金回收,但只有当分散收账收益净额为正数时企业采用此法才有利,否则会得不偿失。(　　)

16. 赊销是扩大销售的重要手段之一,企业应尽可能放宽信用条件,增加赊销量。(　　)

17. 从财务管理的角度看,顾客是否按期付款,会影响到应收账款的成本的高低。(　　)

18. 确定信用标准时采用的"5C"分析系统中的"能力"一项,是指客户的财务实力和财务状况,表明顾客可能偿还债务的能力。(　　)

19. 信用标准是客户获得企业商业信用所应具备的最低条件。(　　)

20. 信用标准是信用条件的一个重要组成部分。(　　)

21. 通常,延长信用期限,会增加企业的销售额;缩短信用期限,会减少企业的信用成本。(　　)

22. 现金折扣是企业为了鼓励客户多购买商品而给予的价格优惠,每次购买的数量越多,价格就越便宜。(　　)

23. 一般而言,企业收账的支出越大,收账措施越有力,可收回的账款也越多,坏账损失也越小,所以企业应不惜一切代价催收欠款。(　　)

24. 通过应收账款账龄分析,编制账龄分析表,可以了解各顾客的欠款金额、欠款期限和偿还欠款的可能时间。(　　)

25. 对应收账款实施追踪分析的重点应放在赊销商品的销售与变现方面。(　　)

26. 确定应收账款收现保证率的目的是确定应收账款最高收现水平的控制标准。(　　)

27. 存货的经济进货批量是指能使一定时期存货的相关总成本达到最低点的进货数。(　　)

28. 进货成本与储存成本都是与存货经济批量相关的成本。(　　)

29. 一般来说,在企业生产和销售计划已经确定的情况下,存货量的大小取决于每次进货数量。(　　)

30. 如果企业允许缺货,缺货成本便与决策无关。(　　)

31. 保本保利储存期对存货损益情况的分析只能建立在批进批出的前提条件上。(　　)

32. 一般而言,当某种存货品种数量比重达到 70% 左右时,可将其划分为 A 类存货,进行重点管理和控制。(　　)

33. 一般而言,企业存货需要量与企业生产及销售的规模成正比,与存货周转一次所需天数成反比。(　　)

34. 企业的信用标准严格,给予客户的信用期很短,使得应收账款周转率很高,将有利于增加企业的利润。(　　)

35. 因为现金的管理成本是相对固定的,所以在确定最佳现金持有量时,可以不考虑

它的影响。(　　)

36. 在存货 ABC 分类管理法下,应当重点管理的是虽然品种数量较少,但金额较大的存货。(　　)

37. 根据存货经济订货模型,经济订货批量是能使订货总成本与储存总成本相等的订货批量。(　　)

38. 补偿性余额的约束有助于降低银行贷款风险,但同时也减少了企业实际可动用借款额,提高了借款的实际利率。(　　)

39. 某企业计划购入原材料,供应商给出的条件为“1/20, n/50”,若银行短期借款利率为 10%,则企业应在折扣期限内支付货款。(　　)

40. 采用贴现法付息时,企业实际可用贷款额会增加,因此,其实际利率会高于名义利率。(　　)

41. 拥有足够多的现金对降低企业的风险有着重要意义,因此,企业对现金的持有量越多越好。(　　)

42. 一般情况下,企业现金持有量越大,持有现金的管理成本就越高。(　　)

43. 企业现金持有量越大,持有现金的短缺成本越小。(　　)

44. 存货 ABC 分类管理法就是把企业种类繁多的存货,依据其重要程度、价值大小或者资金占用等标准分为三大类,其中 C 类存货品种数量多,价值也高,应重点管理。(　　)

四、计算题

1.【资料】某企业现有 A、B、C 三种现金持有方案,有关资料如表 4-1 所示:

表 4-1　　　　金额单位:万元

项目	A	B	C
现金持有量	100	200	400
机会成本率	10%	10%	10%
短缺成本	56	25	10

【要求】计算该企业的最佳现金持有量。

2.【资料】某公司现金收支平稳,预计全年(按 360 天计算)现金需要量为 1 600 000 元,现金与有价证券的转换成本为每次 1 000 元,有价证券年利率为 8%。

【要求】

(1)计算最佳现金持有量。

(2)计算最佳现金持有量下的全年现金管理总成本、全年现金转换成本和全年现金持有机会成本。

(3)计算最佳现金持有量下的全年有价证券交易次数和有价证券交易间隔期。

3.【资料】某企业预测年度赊销收入净额为 600 万元,应收账款周转天数为 50 天,变动成本率为60%,资金成本率为8%。

【要求】

(1)计算该企业维持赊销业务所需要的资金。

(2)计算应收账款的机会成本。

4.【资料】天安公司预测的年度(按360天计算)赊销额为3 000 000元,应收账款平均收账天数为60天,变动成本率为60%,资金成本率为10%。

【要求】试计算该公司应收账款的机会成本。

5.【资料】A公司是一家商业企业,该公司正在研究修改现行的信用政策。现有甲和乙两个信用政策备选方案,有关数据见表4-2。

表4-2

项目	现行信用政策	甲方案	乙方案
年销售额(万元)	2 400	2 600	2 700
收账费用(万元/年)	40	41	42
所有账户的平均收账期	2个月	3个月	4个月
所有账户的坏账损失率	2%	2.5%	3%

已知A公司的变动成本率为80%,资金成本率为10%。坏账损失率是指预计年度坏账损失和销售额的百分比。假设不考虑所得税的影响。

【要求】通过计算分析回答是否应改变现行的信用政策?如果要改变,应选择甲方案还是乙方案?

6.【资料】某企业只生产销售一种产品,每年赊销额为240万元,该企业产品变动成本率为80%,资金利润率为25%,企业现有A、B两种收账政策可供选用。有关资料如表4-3所示:

表4-3

项目	A政策	B政策
平均收账期(天)	60	45
坏账损失率(%)	3	2
应收账款平均余额(万元)		
收账成本:	×××	×××
应收账款机会成本(万元)		
坏账损失(万元)		
年收账费用(万元)	1.8	3.2
收账成本合计(万元)		

【要求】

(1)计算填列表中的空白部分。(一年按360天计算)

(2)对上述收账政策进行决策。

7.【资料】某企业预期全年必须以现金支付的款项有:工人工资300万元,应纳税款150万元,应付账款60万元,其他现金支出30万元。预计该期稳定的现金回收数是200万元。应收账款总计金额为1 000万元。

【要求】计算该企业当期必须收回多少应收账款,才能最低限度保证当期必要的现金支出。

8.【资料】某公司本年度需耗用乙材料36 000件,该材料单位采购成本为200元,单位年度储存成本为16元,平均每次进货费用为2 000元。

【要求】

(1)计算本年度乙材料的经济进货批量。

(2)计算本年度乙材料经济进货批量下的相关总成本。

(3)计算本年度乙材料经济进货批量下的平均资金占用额。

(4)计算本年度乙材料最佳进货批次。

9.【资料】某企业全年需外购甲零件1 200件,每批进货费用为400元,单位零件的年储存成本为6元,该零件每件价格10元。销售企业规定:客户每批购买量不足600件,按标准价格计算;每批购买量超过600件,价格优惠2%。

【要求】计算进货批量为多少时,才是有利的。

10.【资料】浩达企业甲材料的年需要量为16 000千克,每千克标准价为20元。销售企业规定:客户每批购买量不足1 000千克的,按照标准价格计算;每批购买量1 000千克以上2 000千克以下的,价格优惠2%;每批购买量2 000千克以上的,价格优惠3%。已知每批进货费用600元,单位材料的年储存成本为30元。

【要求】请确定经济进货批量。

11.【资料】某商品流通企业批进批出一批商品共3 000件,该商品单位进价70元(不含增值税),单位售价为100元(不含增值税),经销该批商品的固定性费用为25 000元。已知,该商品的进货款来自于银行贷款,年利率为9%,商品的月保管费用率为2%,流转环节的税金及附加为10 000元。(一年按360天计算)

【要求】

(1)计算该批商品的保本储存天数。

(2)计算在投资利润率为4%时该批商品的保利期天数。

(3)计算实际储存期为200天时的实际利润。

五、综合题

1.【资料】某企业2012年A产品销售收入为4 000万元,总成本为3 000万元,其中固定成本为600万元。

2013年该企业有两种信用政策可供选用:

甲方案给予客户60天信用期限(“n/60”),预计销售收入为5 000万元,货款将于第60天收到,其信用成本为140万元;

乙方案的信用政策为“2/10,1/20,n/90”,预计销售收入为5 400万元,将有30%的货款于第10天收到,20%的货款于第20天收到,其余50%的货款于第90天收到(前两部分货款不会产生坏账,后一部分货款的坏账损失率为该部分货款的4%),收账费用为50万元。

该企业A产品销售额的相关范围为3 000万元~6 000万元,企业的资金成本率为8%(为简化计算,本题不考虑增值税因素)。

【要求】

(1)计算该企业2012年的下列指标:

①变动成本总额;

②以销售收入为基础计算的变动成本率。

(2)计算乙方案的下列指标:

①应收账款平均收账天数;

②应收账款平均收账余额;

③维持应收账款所需资金;

④应收账款机会成本;

⑤坏账成本;

⑥采用乙方案的信用成本。

(3)计算以下指标:

①甲方案的现金折扣;

②乙方案的现金折扣;

③甲、乙两方案信用成本前收益之差;

④甲、乙两方案信用成本后收益之差。

(4)为该企业作出采取何种信用政策的决策,并说明理由。

2.【资料】某企业产品在香港生产,国内销售。预计年需要200 000件,每件购进单价为420元(包括运费)。与订购和储存这些产品相关的资料如下:

(1)去年订单共30份,总处理成本21 000元,其中固定成本17 400元,估计未来成本性态不变。

(2)香港至内地已免除关税,但对于每张订单都要检查,费用为380元。

(3)产品运至内地,接受部门要检查。为此雇佣一名检验人员,每月工资2 000元,每个订单检验工作需要10小时,发生变动费用每小时2.5元。

(4)公司租借仓库来储存产品,估计成本为每年3 000元,另外加上每件产品5元。

(5)在储存过程中会出现破损,估计破损成本为每件27.5元。

(6)占用资金利息等其他储存成本为每件20元。

【要求】

(1)计算经济进货批量公式中的订货成本。

(2)计算经济进货批量公式中的储存成本。

(3)计算经济进货批量。

(4)计算每年与批量相关的存货总成本。

(5)计算每年与储备存货相关的总成本。

六、案例分析

【案例一】

如何确定合理的信用期限

实达电脑公司主要生产小型及微型处理电脑,其市场目标主要定位于小规模公司。该公司生产的产品质量优良,价格合理,在市场上颇受欢迎,销路很好,因此该公司也迅速发展壮大起来,由起初只有几十万元资金的公司发展为拥有上亿元资金的公司。但经过十余年的发展,该公司有些问题开始呈现出来:公司过去为了扩大销售,占领市场,一直采用比较宽松的信用政策,客户拖欠的款项数额越来越大,时间越来越长,严重影响了资金周转循环,公司再投资不得不依靠长期负债及短期负债筹集资金。2012年年末,随着实达电脑公司负债率越来越高,主要贷款人开始不同意进一步扩大债务,由于缺乏流动资金,公司陷入了进退两难的境地,所以公司经理非常忧虑。情急之下,公司聘请高级内参,经过分析采取以下行动:

由于公司过去十余年的销售条件是“2/10,n/90”,约半数的顾客享受折扣,但许多未享受折扣的顾客延期付款,平均收账期约为60天。2012年的坏账损失为500万元,信贷部门的成本分析及收账费用为50万元。经分析,该信用政策需要提高标准,于是将2013年的信用条件改变为“2/10,n/30”,则发生了下列变化:

(1)销售额由原来的1亿元降为9 000万元;

(2)坏账损失减少至90万元;

(3)信贷部门成本减少至40万元;

(4)享受折扣的顾客由50%增加到70%(假定未享受折扣的顾客也能在信用期内

付款)；

(5)变动成本率为60%；

(6)资金成本率为10%。

【要求】如果让你做财务顾问，请分析以下问题，为2013年实达电脑公司采用的新信用政策提出意见：

(1)该公司过去采用比较宽松的信用政策，其目的是什么？最终又给企业带来什么？

(2)该公司采用新的信用政策带来的收益和成本分别是多少？你认为哪种信用政策更好？

【案例二】

如何确定现金折扣

东方公司经常性地向五洲公司购买原材料，五洲公司开出的付款条件为“2/10，n/30”。某天，东方公司的财务经理王洋查阅公司关于此项业务的会计账目，惊讶地发现，会计人员对此项交易的处理方式是一般在收到货物后15天支付款项。当王洋询问记账的会计人员为什么不取得现金折扣时，负责该项交易的会计不假思索地回答道：“这一交易的资金成本率仅为2%，而银行贷款成本率却为12%，因此根本没有必要接受现金折扣。”

【要求】针对这一案例对如下问题进行分析和回答：

(1)会计人员在财务概念上混淆了什么？

(2)丧失现金折扣的实际成本有多大？

(3)如果东方公司无法获得银行贷款，而被迫使用商业信用资金(即利用推迟付款商业信用筹资方式)，为降低资金成本，你应向财务经理王洋提出何种建议？

第5章 项目投资

一、单项选择题

1. 在下列指标中不属于贴现的指标是(　　)。

A. 净现值　　B. 现值指数　　C. 投资回收期　　D. 内部报酬率

2. 包括建设期的静态投资回收期是(　　)。

A. 净现值为零的年限　　B. 现金净流量为零的年限

C. 累计净现值为零的年限　　D. 累计现金净流量为零的年限

3. 下列投资项目评价指标中,不受建设期长短、投资回收时间先后及现金流量大小影响的评价指标是(　　)。

A. 投资回收期　　B. 投资利润率

C. 净现值率　　D. 内部收益率

4. 假定某项目的原始投资在建设期初全部投入,其预计的净现值率为15%,则该项目获利指数是(　　)。

A. 6.67　　B. 1.15　　C. 1.5　　D. 1.125

5. 一般来说,流动资金回收发生于(　　)。

A. 建设起点　　B. 投产起点

C. 项目终结点　　D. 经营期的任一时点

6. 无论何种更新改造项目均可使用的投资决策方法是(　　)。

A. 净现值法　　B. 净现值率法

C. 投资回收期法　　D. 差额内部收益率法

7. 假定有A、B两个投资方案,它们的投资额相同,各年的现金流量总和也相等,但A方案的现金流量逐年递增,B方案的现金流量逐年递减,如果考虑资金时间价值,下列表述正确的是(　　)。

A. A方案与B方案等价　　B. A方案优于B方案

C. B方案优于A方案　　D. 不能确定

8. 投资利润率的分母是(　　)。

A. 建设投资　　B. 原始投资

C. 固定资产原值　　D. 投资总额

9. 投资回收期是指回收(　　)所需要的全部时间。

A. 建设投资　　B. 原始总投资

C. 固定资产原值　　D. 投资总额

10. 如果 A、B 两个投资方案的净现值相同,则(　　)。

A. A 方案优于 B 方案

B. B 方案优于 A 方案

C. A 方案与 B 方案都符合项目可行的必要条件

D. 无法判断方案的好坏

11. 下列关于净现值的表述中,不正确的是(　　)。

A. 净现值是项目计算期内各年现金净流量现值的代数和

B. 净现值考虑了货币的时间价值

C. 现金流入量的贴现值大于现金流出量的贴现值

D. 净现值大于零,项目可行;净现值小于零,项目不可行

12. 经营现金流出的内容应包括(　　)。

A. 本期现销收入　　B. 本期赊销收入

C. 付现成本　　D. 残值收入

13. 对于多个互斥方案的比较和优选,采用年等额净现值指标时(　　)。

A. 选择投资额较大的方案为最优方案

B. 选择投资额较小的方案为最优方案

C. 选择年等额净现值最大的方案为最优方案

D. 选择年等额净现值最小的方案为最优方案

14. 某企业投资方案的年税后利润为 40 万元,年折旧额为 20 万元,则该投资方案的年现金净流量为(　　)。

A. 40 万元　　B. 50 万元　　C. 60 万元　　D. 70 万元

15. 当贴现率为 12%,某项目的净现值为 450 万元,则说明该项目的内部报酬率(　　)。

A. 高于 12%　　B. 等于 12%　　C. 低于 12%　　D. 无法确定

16. 净现值大于零时意味着(　　)。

A. 投资的报酬率大于预定的贴现率

B. 投资的报酬率小于预定的贴现率

C. 投资的报酬率等于预定的贴现率

D. 现金流入量的贴现值小于现金流出量的贴现值

17. 内部报酬率小于预定的贴现率意味着(　　)。

A. NPV > 0　　B. PI < 1　　C. NPVR > 0　　D. IRR > i

18. 下列不属于静态投资回收期缺点的是(　　)。

A. 没有考虑回收期满后继续发生的现金流量

B. 无法直接利用现金净流量信息

C. 不能正确反映投资方式不同对项目的影响

D. 没有考虑资金时间价值因素

19. 若设定折现率为 i 时, NPV > 0, 则(　　)。

A. IRR > i, 应降低折现率继续测试

B. IRR > i, 应提高折现率继续测试

C. IRR < i, 应降低折现率继续测试

D. IRR < i, 应提高折现率继续测试

20. 某投资项目的建设期为零, 则直接利用年金现值系数计算该项目内部收益率指标所要求的前提条件是(　　)。

A. 投产后现金净流量为递延年金形式

B. 投产后各年的现金净流量不相等

C. 在建设起点没有发生任何投资

D. 投产后现金净流量为普通年金形式

21. 已知某投资项目的原始投资额为 100 万元, 建设期为 2 年, 投产后第 1 ~ 8 年每年 NCF = 25 万元, 第 9 ~ 10 年每年 NCF = 20 万元。则该项目包括建设期的静态投资回收期为(　　)。

A. 5 年　　B. 6 年　　C. 7 年　　D. 8 年

22. 用插值法近似计算 IRR 时, 为缩小误差, 两个临近值 NPV_m 和 NPV_n 所对应的折现率 r_m 与 r_n 之差不得大于(　　)。

A. 1%　　B. 2%　　C. 5%　　D. 7%

23. 已知某投资项目的建设期为 2 年, 建设期的固定资产原始投资为 600 万元, 垫付的流动资金为 400 万元, 运营期前 4 年的每年现金净流量为 220 万元, 运营期第 5 年和第 6 年的现金净流量分别为 140 万元和 240 万元, 则该项目包括建设期的静态投资回收期为(　　)。

A. 6.86 年　　B. 5.42 年　　C. 4.66 年　　D. 7.12 年

24. 净现值和净现值率两个评价指标共同的缺点是(　　)。

A. 不能反映投入与产出之间的关系

B. 没有考虑资金的时间价值

C. 无法利用全部现金净流量的信息

D. 不能直接反映投资项目的实际收益率

25. 下列各项中, 不属于投资项目现金流出量内容的是(　　)。

A. 固定资产投资　　B. 折旧与摊销

C. 无形资产投资　　D. 新增经营成本

26. 项目投资与其他形式的投资相比，不具有的特点是（　　）。

A. 投资回收期长　　B. 变现能力差

C. 投资风险小　　D. 投资金额大

27. 某投资项目年营业收入为180万元，年付现成本为60万元，年折旧额为40万元，所得税税率为25%，则该项目年经营现金净流量为（　　）。

A. 81.8万元　　B. 100万元

C. 82.4万元　　D. 76.4万元

28. 下列无法直接利用现金净流量信息计算的指标是（　　）。

A. 静态投资回收期　　B. 总投资收益率

C. 净现值　　D. 内部收益率

29. 可以从动态的角度直接反映投资项目的实际收益水平的是（　　）。

A. 动态投资回收期　　B. 净现值

C. 净现值率　　D. 内部收益率

二、多项选择题

1. 项目投资方式包括（　　）。

A. 一次投入　　B. 建设期和经营期混合投入

C. 分次投入　　D. 仅在经营期投入

2. 下列属于计算现金流量假设的有（　　）。

A. 所有投资资金均为自有资金

B. 所有现金流量的各指标均为时期指标

C. 影响现金流量的各指标均为已知常数

D. 所有投资均发生在建设期

3. 完整的工业投资项目的资金流入主要包括（　　）。

A. 营业收入　　B. 回收固定资产变现净值

C. 固定资产折旧　　D. 回收流动资金

4. 某投资项目终结点年度税后利润为100万元，折旧为10万元，回收流动资金20万元，回收固定资产残值5万元，下列表述正确的有（　　）。

A. 回收额为25万元　　B. 回收额为5万元

C. 经营现金净流量为110万元　　D. 终结点现金净流量为135万元

5. 采用净现值法评价投资项目的可行性时，所采用的折现率通常有（　　）。

A. 投资项目的资金成本率　　B. 投资机会成本率

C. 行业平均资金收益率　　D. 投资项目的内部收益率

6. 下列属于计算现金流量的假设有（　　）。

A. 财务可行性假设　　B. 全投资假设

C. 项目计算期和折旧期一致假设　　D. 时点指标假设

7. 投资决策评价的主要指标有(　　)。

A. 净现值　　B. 静态投资回收期

C. 投资利润率　　D. 内部收益率

8. 不会影响投资利润率的指标有(　　)。

A. 建设期　　B. 投资方式

C. 回收额　　D. 现金净流量

9. 能够影响所有动态指标的因素有(　　)。

A. 建设期长短　　B. 投资方式

C. 各年现金净流量的数量　　D. 折现率

10. 利用差额内部收益率进行更新改造项目的投资决策时,应当更新改造的原则有(　　)。

A. 差额内部收益率大于基准收益率或设定的折现率

B. 差额内部收益率小于基准收益率或设定的折现率

C. 基准收益率或设定的折现率大于差额内部收益率

D. 基准收益率或设定的折现率小于差额内部收益率

11. 当某项长期投资方案的净现值大于零时,则可以说明(　　)。

A. 该方案贴现后现金流入大于贴现后现金流出

B. 该方案的内部收益率大于预定的折现率

C. 该方案的获利指数一定大于1

D. 该方案为可行方案

12. 影响内部收益率大小的因素有(　　)。

A. 营业现金流量　　B. 建设期长短

C. 投资项目有效年限　　D. 原始投资金额

13. 净现值法的优点有(　　)。

A. 考虑了资金时间价值

B. 考虑了投资项目的全部现金流量

C. 有利于企业尽快收回投资

D. 能够反映项目的实际投资报酬率

14. 某投资项目的获利指数为1.45,则下列表述正确的有(　　)。

A. 项目净现值大于零

B. 净现值率等于0.45

C. 内部收益率大于计算获利指数时设定的折现率

D. 项目回收期大于设定的基准回收期

15. 在不考虑所得税的情况下，下列公式能计算出营业现金流入量的有（　　）。

A. 营业现金流入量 = 利润 − 折旧

B. 营业现金流入量 = 利润 + 折旧

C. 营业现金流入量 = 销售收入 − 付现成本

D. 营业现金流入量 = 销售收入 − 营业成本 + 折旧

16. 下列项目投资决策评价指标中，其数值越大越好的指标有（　　）。

A. 净现值率　　B. 投资回收期

C. 内部报酬率　　D. 现值指数

17. 评价投资方案的投资回收期指标的主要缺点有（　　）。

A. 不能衡量企业的投资风险

B. 没有考虑资金时间价值

C. 没有考虑回收期后的现金流量

D. 不能衡量投资方案投资报酬率的高低

18. 下列各项表述正确的有（　　）。

A. 投资回收期指标没有考虑回收期后的现金流量问题

B. 非贴现指标是辅助指标

C. 贴现指标本身就能说明投资项目是否可行

D. 非贴现指标没有考虑资金时间价值，会夸大项目的收益

19. 净现值法的缺点有（　　）。

A. 没有考虑资金时间价值

B. 没有考虑项目计算期的全部现金净流量

C. 当原始投资不相等时，难以确定最优的项目

D. 不能反映投资项目的实际投资收益率水平

20. 下列指标不能直接反映投资项目的实际收益水平的有（　　）。

A. 净现值　　B. 内部报酬率

C. 净现值率　　D. 获利指数

21. 净现值指标的缺点有（　　）。

A. 不能从动态的角度直接反映投资项目的实际收益率水平

B. 当多个项目投资额不等时，仅用净现值无法确定投资方案的优劣

C. 现金净流量的测量和折现率的确定比较困难

D. 没有考虑投资的风险性

22. 在项目生产经营阶段上，最主要的现金流出量项目有（　　）。

A. 流动资金投资　　B. 建设投资

C. 经营成本　　D. 各种税款

23. 甲投资项目的现金净流量如下：$NCF_0 = -210$ 万元，$NCF_1 = -15$ 万元，$NCF_2 =$

-20 万元,$NCF_{3\sim6}=60$ 万元,$NCF_7=72$ 万元。则下列说法正确的有(　　)。

A. 项目的建设期为 2 年　　B. 项目的运营期为 7 年

C. 项目的原始总投资为 245 万元　　D. 终结点的回收额为 12 万元

24. 下列评价指标的计算与项目事先给定的折现率有关的有(　　)。

A. 内部收益率　　B. 净现值

C. 净现值率　　D. 静态投资回收期

25. 静态投资回收期法的弊端有(　　)。

A. 没考虑时间价值因素　　B. 忽视回收期满后的现金流量

C. 无法利用现金流量信息　　D. 计算方法过于复杂

26. 下列指标之间关系表述正确的有(　　)。

A. 当 $NPV>0$ 时,$NPVR>0$,$IRR>i$

B. 当 $NPV=0$ 时,$NPVR=0$,$IRR=i$

C. 当 $NPV<0$ 时,$NPVR<0$,$IRR<i$

D. 当 $NPV>0$ 时,$NPVR<0$,$IRR<i$

三、判断题

1. 财务管理上讲的项目投资,就是固定资产投资。(　　)

2. 项目计算期等于建设期与经营期之和。(　　)

3. 投资项目的现金流量仅包括货币资源的投入或产出。(　　)

4. 只要经营期的前几年经营现金净流量相等,均可用原始投资额除以年经营现金净流量计算出不包括含建设的投资回收期。(　　)

5. 包含建设期的投资回收期一定大于不包括建设期的投资回收期。(　　)

6. 如果没有特殊说明,均假定回收的流动资金等于原垫支的流动资金。(　　)

7. 现金净流量只发生在经营期,建设期没有现金净流量。(　　)

8. 建设期的现金净流量均小于零。(　　)

9. 经营期内的现金净流量一定大于零。(　　)

10. 项目现金流量表可以按照财务会计现金流量表的方法和思路编制。(　　)

11. 当项目建设期不为零,建设期现金净流量的数量特征取决于投资方式。(　　)

12. 投资利润率与投资回收期的共同缺陷是均没有考虑资金时间价值。(　　)

13. 经营期现金净流量现值总和与建设期现金流量现值总和的差,即为净现值。(　　)

14. 在多方案的比较选优过程中,净现值大的方案,其净现值率也一定较大。(　　)

15. 内部收益率的大小与事先设定的折现率的高低无关。(　　)

16. 之所以说净现值指标考虑了投资的风险性,是因为净现值的计算考虑了资金时间价值。(　　)

17. 净现值与净现值率的共同缺点是均不能反映投资项目的实际收益率。(　　)

18. 多个互斥方案的比较与优选,目的是评价多个方案的可行性。(　　)

19. 在对同一个独立投资项目进行评价时,用净现值、净现值率和内部收益率指标会得出完全相同的评价结论,而采用静态投资回收期指标则有可能得出与前述结论相反的评价结论。(　　)

20. 在更新改造投资项目决策中,如果差额内部收益率小于设定的折现率,就应当进行更新改造。(　　)

21. 一般情况下,能使投资项目的净现值小于零的折现率,一定小于该项目的内部收益率。(　　)

22. 利用内部收益率法评价投资项目时,计算出的内部收益率是方案本身的投资收益率,因此不需再估计投资项目的资金成本或基准投资收益率。(　　)

23. 某投资项目的固定资产投资额为 80 万元,无形资产投资 15 万元,流动资金投资 10 万元,建设期资本化利息 6 万元,则该投资项目的原始总投资为 111 万元。(　　)

24. 某投资方案,当折现率为 10% 时,其净现值为 2 万元;当折现率为 12% 时,其净现值为 -1 万元。则该方案的内部收益率高于 10%,但低于 12%。(　　)

25. 项目的总投资,是指企业为使项目完全达到设计的生产能力、开展正常经营而投入的全部现实资金。(　　)

26. 项目投资决策中所使用的现金是指各种货币资金。(　　)

27. 在计算投资项目的经营现金流入量时,以营业收入替代经营现金流入是基于假设年度内没有发生赊销。(　　)

28. 采用净现值率法与采用净现值法总会得到完全相同的评价结论。(　　)

29. 已知某投资项目的原始投资 500 万元于建设起点一次投入,如果该项目的净现值率为 2,则该项目的净现值为 250 万元。(　　)

四、计算题

1.【资料】某企业拟于 2013 年年初用自有资金购置设备一台,需要一次投资 100 万元,折旧期 5 年,设备投入运营后每年可新增净利润 20 万元。假设设备采用直线法计提折旧,预计的残值率为 5%;已知(P/A,10%,5)=3.7908,(P/F,10%,5)=0.6209。不考虑建设期和公司所得税。

【要求】

(1)计算使用期内各年的现金净流量。

(2)计算设备的静态回收期。

(3)计算项目的投资利润率。

(4)如果以 10% 为折现率,计算其净现值。

2.【资料】某公司拟建造一项生产设备,预计建设期一年,所需固定资产投资 200 万元于建设起点一次投入。该设备预计使用寿命期5年,期满无残值,设备采用直线法计提折旧,投产后每年可增加净利润60万元。假设适用的行业基准折现率为10%。

【要求】

(1)确定该项目的计算期。

(2)计算项目的计算期内各年的现金净流量。

(3)计算项目的净现值,并评价项目的财务可行性。

3.【资料】某投资项目按16%的贴现率计算的净现值为90万元,按18%的贴现率计算的净现值为-10万元。企业资金成本为12%。

【要求】

(1)不用计算,直接判断该项目是否具备财务可行性,并说明理由。

(2)计算该项目的内部收益率,并判断该项目是否具备可行性。

4.【资料】宏达公司计划进行一项投资活动,有甲、乙两个备选的互斥投资方案,资料如下:

(1)甲方案原始投资150万元,其中固定资产投资100万元,流动资金投资50万元,全部资金于建设起点一次投入,建设期为0,经营期为5年,到期净残值收入5万元,预计投产后年营业收入90万元,年总成本60万元。

(2)乙方案原始投资额200万元,其中固定资产投资120万元,流动资金投资80万元。建设期2年,经营期5年,建设期资本化利息10万元,固定资产投资于建设期起点投入,流动资金投资于建设期结束时投入,固定资产净残值收入10万元。项目投产后,年营业收入170万元,年经营成本(付现成本)80万元。固定资产按直线法计提折旧,全部流动资金于终结点收回。企业所得税税率为25%。

【要求】

(1)计算甲、乙两方案各年的现金净流量。

(2)计算甲、乙两方案包括建设期的静态投资回收期。

(3)该企业所在行业的基准折现率为10%,计算甲、乙两方案的净现值。

(4)计算甲、乙两方案的年等额净现值,并比较两方案的优劣。

5.【资料】致远公司原有设备一台,账面折余价值为11.561万元,目前出售可获得收入7.5万元,预计可使用10年,已使用5年,预计净残值为0.75万元。现在该公司拟购买新设备替换原设备,建设期为零,新设备购置成本为40万元,使用年限为5年,预计净残值与使用旧设备的净残值一致,新、旧设备均采用直线法计提折旧。该公司使用新设备后,每年销售额从150万元上升到165万元,经营(付现)成本从110万元上升到115万元。该企业适用的所得税税率为25%,资金成本为10%。已知(P/A,12%,5)=3.605,(P/A,14%,5)=3.433。

【要求】

(1)计算更新改造增加的年折旧额。

(2)计算更新改造增加的各年净利润。

(3)计算更新改造增加的各年现金净流量。

(4)利用插值法计算更新改造方案的差额内部报酬率,并作出是否进行更新改造的决策(保留小数点后2位)。

6.【资料】万达公司有A、B、C、D四个投资项目可供选择,其中A与D是互斥方案,有关资料见表5-1。

表5-1　　金额单位:万元

投资项目	原始投资	净现值	净现值率
A	120 000	67 000	56%
B	150 000	79 500	53%
C	300 000	111 000	37%
D	160 000	80 000	50%

【要求】

(1)假定投资总额不受限制时的投资组合。

(2)如果投资总额限定为50万元时,作出投资组合决策。

五、综合题

1.【资料】某企业拟进行一项固定资产投资,该项目的现金净流量表(部分)如表5-2所示。

表5-2　　现金流量表(部分)　　单位:万元

	建设期		经营期					合计
时间	0	1	2	3	4	5	6	
现金净流量	−1 000	−1 000	100	1 000	(B)	1 000	1 000	2 900
累计现金净流量	−1 000	−2 000	−1 900	(A)	900	1 900	2 900	—
折现现金净流量	−1 000	−943.4	89	839.6	1 425.8	747.3	705	1 863.3

【要求】

(1)计算上表中用英文字母表示的项目的数值。

(2)计算或确定下列指标:

①静态回收期;

②净现值;

③原始投资现值;

④净现值率;

⑤获利指数。

(3)评价项目的财务可行性。

2.【资料】东大公司于 2012 年 1 月 1 日购入设备一台,设备价款 1 500 万元,预计期末无残值,采用直线法按 3 年计提折旧(均符合税法规定)。该设备于购入当日投入使用,预计能使公司未来 3 年的销售收入分别增长 1 200 万元、2 000 万元和 1 500 万元,经营成本分别增加 400 万元、1 000 万元和 600 万元。购置设备所需资金通过发行债券方式予以筹措,债券面值总额为 1 500 万元,期限 3 年,票面年利率为 8%,每年年末付息,债券发行价格为 1 500 万元。该公司适用的所得税税率为 25%,要求的投资收益率为 10%。

【要求】

(1)计算债券资金成本率。

(2)计算设备每年折旧额。

(3)预测公司未来 3 年增加的净利润。

(4)预测该项目各年经营现金净流量。

(5)计算该项目的净现值。

六、案例分析

伟华相机制造厂新建项目投资决策

伟华相机制造厂是一家生产相机的中型企业,该厂生产的相机质量优,价格合理,长期以来供不应求。为扩大生产能力,厂家准备新建一条生产流水线。负责这项投资决策工作的总会计师经过调查研究后,得到如下资料:

该生产线的原始投资为 12.5 万元,分两年投入。第一年年初投入 10 万元,余额在第二年年初投入。第二年年末项目完工后正式投产使用,投产后每年可生产相机 1 000 部,每部销售价格为 300 元,每年可获得销售收入 30 万元。投资项目可使用 5 年,5 年后残值可以达到 2.5 万元。在投资项目经营期间要垫支流动资金 2.5 万元,这笔资金在项目结束时可以全部收回。投资项目各年营业现金流量的计算过程如表 5-3 所示。

该项目生产的产品总成本的构成情况如下:材料费用 20 万元,制造费用 2 万元,人工费用 3 万元,折旧费用 2 万元。

表 5-3　投资项目营业现金流量计算表　单位:元

项目	第一年	第二年	第三年	第四年	第五年
销售收入	300 000	300 000	300 000	300 000	300 000
付现成本	250 000	250 000	250 000	250 000	250 000
其中:材料费用	200 000	200 000	200 000	200 000	200 000
人工费用	30 000	30 000	30 000	30 000	30 000
制造费用	20 000	20 000	20 000	20 000	20 000

续表

项目	第一年	第二年	第三年	第四年	第五年
折旧费用	20 000	20 000	20 000	20 000	20 000
税前利润	30 000	30 000	30 000	30 000	30 000
所得税(税率25%)	7 500	7 500	7 500	7 500	7 500
税后利润	22 500	22 500	22 500	22 500	22 500
现金流量	42 500	42 500	42 500	42 500	42 500

总会计师通过对各项资金来源进行分析,得出该厂加权平均的资金成本为10%。同时,还计算出该项目的营业现金流量、现金流量、现金净流量、净现值,并根据其计算的净现值认为该项目可行。有关数据如表5-4、表5-5所示。

表5-4　　投资项目现金流量计算表　　单位:元

项目	投资建设期		生产期				
	第一年	第二年	第一年	第二年	第三年	第四年	第五年
初始投资	100 000	25 000					
流动资金垫支		25 000					
营业现金流量			42 500	42 500	42 500	42 500	42 500
设备残值							25 000
流动资金收回							25 000
现金流量合计	100 000	50 000	42 500	42 500	42 500	42 500	92 500

表5-5　　投资项目净现值计算表　　单位:元

时间	现金流量	10%贴现系数	现值
建设期0	-100 000	1.0000	-100 000
1	-50 000	0.9091	-45 455
2	42 500	0.8264	35 122
3	42 500	0.7513	31 930.25
4	42 500	0.6830	29 027.50
5	42 500	0.6209	26 388.25
6	92 500	0.5645	52 216.25
净现值			29 229.25

厂部中层干部意见:

(1)经营副总经理认为,在项目投资和使用期间,如通货膨胀率在10%,将对投资项目各有关方面产生影响；

(2)基建处处长认为，由于受物价变动因素的影响，初始投资额将增加10%，投资项目终结后，设备残值也将增加到37 500元；

(3)生产处处长认为，由于物价变动的影响，材料费用每年将增加14%，人工费用也将增加10%；

(4)财务处处长认为，扣除折旧后的制造费用，每年将增加4%，折旧费用每年仍为20 000元；

(5)销售处处长认为，产品销售价格预计每年将增加10%。

【要求】

(1)说明影响伟华相机制造厂投资决策的因素。

(2)重新计算该投资项目的现金流量、净现值。

(3)根据计算结果，确定伟华相机制造厂的相机投资项目决策是否可行。

第6章 证券投资

一、单项选择题

1. 下列不属于证券的是(　　)。

A. 股票　　B. 股利　　C. 票据　　D. 债券

2. 股票投资与债券投资相比(　　)。

A. 收益小　　B. 价格波动小　　C. 风险高　　D. 变现能力差

3. 某公司发行的股票，预期报酬率为20%，上期支付的股利为每股2元，估计股利年增长率为10%，则该种股票的价值为(　　)。

A. 23元　　B. 24元　　C. 22元　　D. 18元

4. 属于债券投资特点的是(　　)。

A. 求偿权居后　　B. 投资报酬较高

C. 投资者拥有一定的经营控制权　　D. 投资收益稳定

5. 某人以40元的价格购入一张股票，该股票上期的股利为每股1元，股利增长率为2%，一年后以50元的价格出售，则该股票的投资收益率应为(　　)。

A. 2%　　B. 20%　　C. 21%　　D. 27.5%

6. 下列属于股票投资特点的是(　　)。

A. 投资收益稳定

B. 投资风险较低

C. 投资报酬较高

D. 投资者无权参与发行单位的经营管理

7. 下列属于债券价值计算基本模型的是(　　)。

A. $V = d/K$

B. $V = i \times F \times (P/A, K, n) + F \times (P/F, K, n)$

C. $V = d_0(1+g)/(K-g)$

D. $V = d_1/(K-g)$

8. 一般认为，企业进行长期债券投资的目的是(　　)。

A. 控制被投资企业　　B. 调剂现金余额

C. 获得稳定收益　　D. 增强资产流动性

9. 以满足季节性经营对现金需求为目的的证券投资，要求所投资的证券(　　)。

A. 收益要高　　B. 流动性好

C. 必须是所有权证券　　D. 必须是债权证券

10. 进行短期债券投资的主要目的是(　　)。

A. 获得稳定的收益　　B. 获取控制权

C. 调节现金余额　　D. 避免利息率风险

11. 某公司发行股票，预期报酬率为10%，该股票上期的股利为每股1元，估计股利年增长率为4%，则该种股票的价值为(　　)。

A. 17.33元　　B. 10元　　C. 25元　　D. 16.67元

12. 某股票为零增长股，每股股利2元，市场利率为8%，当股票市价低于25元时，则预期的报酬率(　　)。

A. 低于8%　　B. 高于8%　　C. 等于8%　　D. 不能确定

13. 折价发行的债券，其估价公式是(　　)。

A. $P = F \times (P/F, K, n) + I \times (P/A, K, n)$

B. $P = [F + (F \cdot i \cdot n)] \times (P/F, K, n)$

C. $P = F \times (P/F, K, n)$

D. $P = F \times i \times (P/F, K, n)$

14. 对证券持有人来说，证券发行人无法按期支付债券利息或偿还本金的风险是(　　)。

A. 流动性风险　　B. 系统风险

C. 违约风险　　D. 购买力风险

二、多项选择题

1. 证券投资按其投资的对象不同，可以分为(　　)。

A. 债券投资　　B. 股票投资

C. 组合投资　　D. 基金投资

2. 债券投资与股票投资相比(　　)。

A. 投资收益稳定　　B. 投资风险较低

C. 投资收益较高　　D. 没有经营管理权

3. 证券投资的目的包括(　　)。

A. 满足季节性经营对现金的需求　　B. 满足未来的财务需求

C. 充分利用闲置资金　　D. 为了取得对相关企业的控制权

4. 证券投资的程序包括(　　)。

A. 合理选择投资对象　　B. 成交　　C. 出售　　D. 委托买卖

5. 股票投资的特点包括(　　)。

A. 投资风险较大　　B. 投资者拥有一定的经营控制权

C. 投资收益稳定　　D. 投资报酬较高

6. 股票投资能够给投资人带来的现金流入包括(　　)。
A. 资本利得　B. 股利　C. 利息　D. 出售价格
7. 下列属于固定收益证券的有(　　)。
A. 国库券　B. 公司债券　C. 优先股　D. 普通股
8. 下列属于短期证券的有(　　)。
A. 短期国债　B. 商业票据
C. 普通股票　D. 银行承兑汇票
9. 以下可以通过短期投资实现的目的有(　　)。
A. 暂时存放闲置资金　B. 与筹集长期资金配合
C. 满足未来的财务需求　D. 满足季节性经营对现金的需求
10. 与股票投资相比,债券投资的主要缺点有(　　)。
A. 购买力风险大　B. 流动性风险大
C. 没有经营管理权　D. 投资收益不稳定
11. 按债券的发行主体分类,债券包括(　　)。
A. 所有权债券　B. 政府债券
C. 金融债券　D. 公司债券
12. 相对于实物投资,证券投资的特点有(　　)。
A. 盈利性高　B. 流动性强
C. 价格不稳定　D. 交易成本低
13. 债券投资的缺点有(　　)。
A. 购买力风险大　B. 购买力风险小
C. 没有经营管理权　D. 有经营管理权
14. 债券投资的优点有(　　)。
A. 本金安全性高　B. 收入稳定性强
C. 没有经营管理权　D. 市场流动性好
15. 股票投资的缺点有(　　)。
A. 求偿权居后　B. 价格不稳定
C. 收入不稳定　D. 购买力风险大
16. 股票投资的优点有(　　)。
A. 投资收益高　B. 收入不稳定
C. 拥有经营控制权　D. 购买力风险低

三、判断题

1. 在财务管理中,证券投资与项目投资均属于投资,区别仅在于投资的对象不同。(　　)
2. 证券的票面金额决定证券的价值。(　　)
3. 证券投资是指买卖公司证券的投资行为。(　　)

4. 任何债券的风险均比股票小。(　　)

5. 企业为满足季节性经营对现金的需求,既可以进行长期投资,也可以进行短期投资。(　　)

6. 证券价格与利率的变动方向相同。(　　)

7. 证券投资收益包括证券交易现价与原价的价差以及定期的股利或利息收益。(　　)

8. 股票投资收益率实质上是股票投资现金流量的内部收益率。(　　)

9. 普通股不存在违约风险。(　　)

10. 风险收益率越大,风险收益额就越高。(　　)

11. 改变某种股票在证券投资组合中的比重,会影响证券组合的风险及风险收益率。(　　)

12. 长期证券收益率实质上是按复利计算的收益率,即能使未来现金流入现值等于债券买入价格的折现率。(　　)

13. 股票的价值是预期的未来现金流入量的现值,它是股票的真实价值,是股票本身的价值,但它与股票的价格不一定相同。(　　)

14. 债券的价格会随着市场利率的变化而变化,当市场利率上升时,债券价格下降,当市场利率下降时,债券价格上升。(　　)

15. 进行证券投资时,不能只看名义报酬率的高低,关键是要看实际报酬率的高低。(　　)

16. 在任何情况下进行股票投资,都必须考虑获利的大小。(　　)

17. 债券投资的购买力风险高,而股票投资的购买力风险低。(　　)

18. 利用证券投资组合的保守型策略,可以分散掉全部风险。(　　)

19. 冒险型证券投资组合策略的特点是收益高,风险大。(　　)

20. 适中型证券投资组合策略的缺点是要求投资者具有丰富的投资经验和专业知识。(　　)

四、计算题

1.【资料】云华公司准备购买某种七年期债券,面值 10 000 元,票面利率为 8%,每年付息一次,到期还本。

【要求】

(1)如果发行时市场利率为 6%,试计算债券价格为多少时才值得购买。

(2)若债券发行价为 9 900 元,试计算市场利率应为多少。

2.【资料】A 企业于 2013 年 1 月 5 日以每张 1 020 元的价格购买 B 企业发行的利随本清的企业债券。该债券的面值为 1 000 元,期限为 3 年,票面年利率为 10%,不计复利。购买时市场年利率为 8%,不考虑所得税。

【要求】

(1)利用债券估价模型评价 A 企业购买此债券是否合算。

(2)如果 A 企业于 2014 年 1 月 5 日将该债券以 1 130 元的市价出售,计算该债券的投资收益率。

3.【资料】凯利公司拟投资某公司股票,该股票上年每股股利为 2 元,预计年增长率为 2%,必要投资报酬率为 7%。

【要求】计算该股票价格为多少元时可以投资。

4.【资料】佳庆公司发行债券,面值为 1 000 元,票面利率为 10%,期限为 5 年,每年付息一次,到期一次还本。

【要求】计算并回答下列问题:

(1)假设当前市场利率为 8%,债券发行价格为 1 020 元,投资者是否愿意购买?

(2)假设投资者以 1 020 元的价格购买债券并且持有至到期,则到期收益率为多少?

5.【资料】ABC 企业计划进行长期股票投资,企业管理层从股票市场上选择了两种股票:甲公司股票和乙公司股票,ABC 企业只准备投资一家公司的股票。已知甲公司股票现行市价为每股 6 元,上年每股股利为 0.2 元,预计以后每年以 5% 的增长率增长。乙公司股票现行市价为每股 8 元,每年发放的固定股利为每股 0.6 元。ABC 企业所要求的投资必要报酬率为 8%。

【要求】

(1)利用股票估价模型,分别计算甲、乙公司股票价值并为该企业作出股票投资决策。

(2)计算如果该企业按照当前的市价购入(1)中所选择的股票的持有期收益率。

6.【资料】某人拟购买 A 公司的股票,预计该公司股票在未来 3 年内将高速增长,成长率为 12%,此后转为正常增长,增长率为 5%。A 公司最近支付的股利为每股 2 元,该投资者要求获得 10% 的报酬率。

【要求】计算该股票的内在价值是多少。

7.【资料】有一股票的价格为 40 元,预计下一期的股利是 2 元,该股利将以大约 10% 的速度持续增长。

【要求】计算该股票的预期收益率为多少。

8.【资料】华为公司股票的 β 系数为 1.5,无风险利率为 4%,市场平均收益率为 8%。

【要求】计算该股票的必要收益率为多少时,投资者才会购买。

五、综合题

【资料】假定无风险报酬率为 10%,所有股票平均报酬率为 14%,甲公司股票的 β 系数为 1.5。

【要求】

(1)若本年预算每股股利为 2.4,股利增长率为 4%,计算股票每股价格应为多少。

(2)若无风险报酬率降为 8%,计算股票价格应为多少。

(3)若市场平均报酬率为 12%,计算股票价格应为多少。

(4)若公司股利增长率改为 5%,计算股票价格应为多少。

(5)若公司 β 系数为 1.8,计算股票价格应为多少。

六、案例分析

股票投资决策——如何用股利贴现模型进行投资决策?

王宏是东方公司的一名财务分析师,应邀评估百花商业集团建设新商场对公司股票价值的影响。王宏根据公司情况作了如下估计:

(1)公司本年度净收益为 200 万元,每股支付现金股利 2 元,新建商场开业后,净收益第 1 年、第 2 年均增长 15%,第 3 年增长 8%,第 4 年及以后将保持这一净收益水平。

(2)该公司一直采用固定支付率的股利政策,并打算今后继续实行该政策。

(3)公司的 β 系数为 1,如果将新项目考虑进去,β 系数将提高到 1.5。

(4)无风险收益率(国库券)为 4%,市场要求的必要收益率为 8%。

(5)公司股票目前市价为 23.6 元。

王宏打算利用股票贴现模型,同时考虑风险因素进行股票价值的评估。百花商业集团的一位董事指出,如果采用股利贴现模型,则股利越高,股价越高,所以公司应改变原有的股利政策提高股利支付率。

【要求】

(1)参考固定股利增长贴现模型,分析这位董事的观点是否正确。

(2)分析股利支付率的提高对可持续增长率和股票的账面价值有何影响。

(3)评估公司的股票价值。

(4)假设你是一位投资者,说明是否购买其股票。

第7章 利润分配

一、单项选择题

1.《公司法》规定,公司应按照当年税后净利润的(　　)提取法定公积金。

A. 15%　　B. 10%　　C. 5%~10%　　D. 5%

2.《公司法》规定,当法定公积金累计额达到公司注册资本的(　　)时,可不再继续提取。

A. 25%　　B. 30%　　C. 40%　　D. 50%

3. 认为在完善的资本市场条件下,股利政策不会影响股票价格或公司的市场价值的理论是(　　)。

A. 股利政策无关论　　B."在手之鸟"理论

C. 差别税收理论　　D. 代理理论

4. 主要依靠股利维持生活的股东最不赞成的公司股利政策是(　　)。

A. 剩余股利政策　　B. 固定或稳定增长的股利政策

C. 固定股利支付率政策　　D. 低正常股利加额外股利政策

5. 下列不能用于股利分配的项目是(　　)。

A. 盈余公积　　B. 资本公积

C. 税后利润　　D. 上年未分配利润

6. 股份有限公司实行股票分割的主要目的在于通过(　　),从而增加流动性。

A. 增加股票股数降低每股市价　　B. 减少股票股数降低每股市价

C. 增加股票股数提高每股市价　　D. 减少股票股数提高每股市价

7. 能使股利与企业盈余紧密配合,体现"多盈多分、少盈少分、无盈不分"的股利分配政策的是(　　)。

A. 剩余股利政策　　B. 固定或稳定增长的股利政策

C. 低正常股利加额外股利政策　　D. 固定股利支付率政策

8. 成长中的公司发放股票股利,每股市价将(　　)。

A. 上升　　B. 下降　　C. 不变　　D. 以上皆有可能

9. 稳定发展且财务状况也较稳定的公司,较适宜采用的股利政策是(　　)。

A. 剩余股利政策　　B. 固定或稳定增长的股利政策

C. 低正常股利加额外股利政策　D. 固定股利支付率政策

10. 对盈利水平随经济周期波动较大的企业,适宜采用的股利政策是(　　)。

A. 剩余股利政策　B. 固定或稳定增长的股利政策

C. 低正常股利加额外股利政策　D. 固定股利支付率政策

11. 经营比较稳定或处于成长期的企业,适宜采用的股利政策是(　　)。

A. 剩余股利政策　B. 固定或稳定增长的股利政策

C. 低正常股利加额外股利政策　D. 固定股利支付率政策

12. 不会引起公司资产流出或负债增加的股利支付方式为(　　)。

A. 股票股利　B. 负债股利　C. 财产股利　D. 现金股利

13. 公司在分配利润时,必须按一定比例和基数提取各种公积金,这一要求体现(　　)。

A. 资本保全约束　B. 资本积累约束

C. 偿债能力约束　D. 超额累积利润约束

14. 某公司现有发行在外的普通股为100万股,每股面值1元,资本公积50万元,未分配利润为300万元,股票市价10元;若按10%的比例发放股票股利并按市价折算,资本公积将变为(　　)。

A. 100万元　B. 110万元　C. 120万元　D. 140万元

15. 某公司净利润为60万元,目前资本结构为权益资本与债务资本各占50%,假设第2年投资计划需资金60万元,当年流通在外的普通股为10万股,若采用剩余股利政策,该年度股东可获得的每股股利为(　　)。

A. 2元　B. 1元　C. 3元　D. 4元

16. 企业采用剩余股利政策的根本理由是(　　)。

A. 最大限度地用收益满足筹资的需要

B. 向市场传递企业不断发展的信息

C. 使企业保持理想的资本结构

D. 使企业在资金使用上有较大的灵活性

17. 能够使股利和盈余紧密结合,但利于稳定股票价格的股利分配政策是(　　)。

A. 剩余股利政策　B. 固定或稳定增长的股利政策

C. 固定股利支付率政策　D. 低正常股利加额外股利政策

18. 某股份公司目前的每股收益和每股市价分别为2元和20元,现拟实施10股送1股的送股方案,若股价随股数成比例变动,则送股后的每股收益和每股市价分别为(　　)。

A. 1.82元;18.18元　B. 2元;18.18元

C. 2元;20元　D. 1.82元;22元

19. 股利决策涉及面很广,其中最主要的是确定(　　),它会影响公司的报酬率和风险。

A. 股利支付日期　B. 股利支付方式

C. 股利支付比率　D. 股利政策

20. 某公司现有发行在外的普通股 100 万股，每股面值 1 元，资本公积 30 万元，未分配利润 200 万元，股票市价 8 元；若按 10% 的比例发放股票股利并按市价折算，资本公积将变为(　　)。

A. 80 万元　　B. 70 万元　　C. 100 万元　　D. 30 万元

21. 我国上市公司不得用于支付股利的权益资金是(　　)。

A. 资本公积　　B. 任意公积金

C. 法定公积金　　D. 上年未分配利润

22. 上市公司按照剩余股利政策发放股利的好处是(　　)。

A. 有利于公司合理安排资本结构

B. 有利于投资者安排收入与支出

C. 有利于公司稳定股票的市场价格

D. 有利于公司树立良好的形象

23. 相对于其他股利政策而言，既可以维持股利的稳定性，又有利于优化结构的股利政策是(　　)。

A. 剩余股利政策

B. 固定或稳定增长的股利政策

C. 固定股利支付率政策

D. 低正常股利加额外股利政策

24. 关于股票股利，下列说法正确的是(　　)。

A. 股票股利会导致股东财富的增加

B. 股票股利会引起所有者权益各项目的结构发生变化

C. 股票股利会导致公司资产的流出

D. 股票股利会引起负债的增加

25. 法律限制超额累积利润的主要原因是(　　)。

A. 避免损害股东利益　　B. 避免资本结构失调

C. 避免股东避税　　D. 避免损害债权人利益

26. 在通货膨胀时期，企业一般采取的利润分配政策是(　　)。

A. 很紧的　　B. 很松的　　C. 偏紧的　　D. 偏松的

27. 按照剩余股利政策，假定某公司资本结构是 30% 的债务资本，70% 的股权资本，明年计划投资 600 万元，今年年末股利分配时，应从税后净利中保留(　　)万元用于投资需要。

A. 180　　B. 240　　C. 360　　D. 420

28. 公司采用固定或稳定增长股利政策发放股利的好处主要表现为(　　)。

A. 降低资金成本　　B. 维持股价稳定

C. 提高支付能力　　D. 实现资本保全

29. 对收益经常波动的企业最不适宜选择的股利政策是(　　)。

A. 剩余股利政策　　B. 固定或稳定增长股利政策

C. 固定股利支付率政策　　D. 低正常股利加额外股利政策

30. 某公司 2011 年年初未分配利润为 -100 万元(超过税前 5 年补亏期),2011 年度净利润为 1 000 万元,预计 2012 年投资所需的资金为 3 000 万元,假设目标资本结构是负债资金占 80%,公司按照 10% 的比例计提法定公积金。若公司采用剩余股利政策发放股利,则 2011 年度该公司可向股东支付的现金股利为(　　)。

A. 210 万元　　B. 300 万元　　C. 400 万元　　D. 220 万元

31. 某公司 2011 年年初未分配利润为 -100 万元(超过税前 5 年补亏期),2011 年度净利润为 1 000 万元,预计 2012 年投资所需的资金为 3 000 万元,假设目标资本结构是负债资金占 80%,公司按照 10% 的比例计提法定公积金。若按照我国现行财务制度的规定,则 2011 年度该公司最多可向股东支付的现金股利为(　　)。

A. 210 万元　　B. 300 万元　　C. 810 万元　　D. 220 万元

32. 剩余股利政策的理论依据是(　　)。

A. 股利政策无关论　　B. "在手之鸟"理论

C. 代理理论　　D. 差别税收理论

33. 容易造成股利支付额与本期净利润相脱节的股利分配政策是(　　)。

A. 剩余股利政策　　B. 固定或稳定增长的股利政策

C. 固定股利支付率政策　　D. 低正常股利加额外股利政策

二、多项选择题

1. 从法律角度看,对股利分配起限定性作用的有(　　)。

A. 资本保全　　B. 资本积累

C. 偿债能力　　D. 超额累积利润

2. 按照资本保全约束的要求,企业发放股利所需资金的来源包括(　　)。

A. 当期利润　　B. 留存收益

C. 原始资本　　D. 股本

3. 公司可选择的股利政策有(　　)。

A. 剩余股利政策　　B. 固定或稳定增长的股利政策

C. 低正常股利加额外股利政策　　D. 固定股利支付率政策

4. 我国《公司法》规定,公司不得收购本公司股份,除外的情况有(　　)。

A. 减少公司注册资本

B. 与持有本公司股份的其他公司合并

C. 将股份奖励本公司职工

D. 股东因为对股东大会作出的公司合并、分立持有异议,要求公司收购其股份

5. 股票回购的动机主要有(　　)。

A. 现金股利的替代

B. 改变公司的资本结构

C. 传递公司已稳定的信息或提高公司的股价

D. 防止敌意收购，满足转换条款和认股权的行使

6. 我国《公司法》规定，公司进行税后利润分配的顺序为（　　）。

A. 提取法定盈余公积金

B. 弥补在税前利润弥补亏损之后仍存在的亏损

C. 提取任意盈余公积金

D. 向投资者分配利润

7. 常见的股利支付方式有（　　）。

A. 现金股利　　B. 财产股利

C. 负债股利　　D. 股票股利

8. 属于股利政策相关论的有（　　）。

A. "在手之鸟"理论　　B. 差别税收理论

C. 代理理论　　D. MM 理论

9. 发放股票股利可能产生的影响有（　　）。

A. 每股收益发生变化　　B. 股东权益总额发生变化

C. 股票市价发生变化　　D. 所有者权益各项目比例发生变化

10. 公司在制定利润分配政策时应考虑的因素有（　　）。

A. 通货膨胀因素　　B. 股东因素

C. 法律限制　　D. 公司因素

11. 股票股利与股票分割的共同作用在于（　　）。

A. 节约现金　　B. 公司股东权益总额发生变化

C. 公司每股利润下降　　D. 公司股份总额发生变化

12. 利润分配的原则有（　　）。

A. 依法进行分配

B. 稀释股价

C. 传递公司正处于发展中的有利信息

D. 间接增加股东财富

13. 股票回购对上市公司的影响有（　　）。

A. 容易造成资金紧张　　B. 削弱了对债权人利益的保护

C. 股票回购容易导致公司操纵股价　　D. 可节约个人所得税

14. 股票回购的方式有（　　）。

A. 公开市场回购　　B. 负债回购

C. 要约回购　　D. 协议回购

15. 固定股利政策的缺点有（　　）。

A. 未与企业的盈余紧密配合

B. 未保持分配与留存收益的比例关系

C. 波动的股利向市场传递企业未来收益前景不可靠的信息

D. 可能会给公司的财务带来较大的负担

16. 关于固定或稳定增长的股利政策,阐述正确的有( )。
A. 股利一般在较长的时间内保持在固定的水平上
B. 这是理论上的股利政策,实务中一般不用
C. 有利于增强投资者的信心
D. 不会给公司带来财务压力

17. 对公司股利政策,股东的限制主要来自于( )。
A. 收入的考虑 B. 偿债能力 C. 控制权 D. 税负

18. 应用剩余股利政策,应注意的问题有( )。
A. 资本结构的限制 B. 应用经济的原则
C. 税负的影响 D. 流动资金的影响

19. 以下表述正确的有( )。
A. 使用留存收益无成本
B. 处于成长中的公司多采用高股利政策
C. 通货膨胀时期股利政策往往偏紧
D. 举债能力强的公司往往采用宽松的股利政策

20. 在实务中,可能采用的股利政策有( )。
A. 剩余股利政策 B. 固定或稳定增长的股利政策
C. 固定股利支付率政策 D. 低正常股利加额外股利政策

21. 利润分配的剩余股利政策的优点包括( )。
A. 保持最佳的资本结构 B. 降低再投资的资金成本
C. 利润分配稳定 D. 有利于公司股票价格的稳定

22. 确定企业利润分配政策时需要考虑的法律因素主要包括( )。
A. 资本保全约束 B. 资本积累约束
C. 偿债能力约束 D. 稳定股价约束

23. 下列各项中,会导致企业采取低股利政策的事项有( )。
A. 物价持续上升 B. 金融市场利率走势下降
C. 企业资产的流动性较弱 D. 企业盈余不稳定

24. 关于利润分配政策,下列说法正确的有( )。
A. 剩余股利政策能保持最佳的资本结构
B. 固定股利政策有利于公司股票价格的稳定
C. 固定股利支付率政策体现了"多盈多分、少盈少分、无盈不分"的股利分配原则
D. 低正常股利加额外股利政策有利于股价的稳定

25. 公司的经营需要对股利分配常常会产生影响,下列叙述正确的有( )。
A. 为保持一定的资产流动性,公司不愿支付过多的现金股利
B. 保留盈余因无筹资费用,故从资金成本考虑,公司愿意采取低股利政策
C. 成长型公司多采取高股利政策,而处于收缩期的公司多采用低股利政策
D. 举债能力强的公司有能力及时筹措到所需现金,可能采取较宽松的股利政策

26. 用现金进行股票回购并予以注销(　　)。

A. 使得公司流通在外的股份减少　　B. 会导致公司资产减少

C. 不会导致公司负债发生变化　　D. 导致所有者权益总额不变

27. 下列属于股票回购动机的有(　　)。

A. 现金股利的替代

B. 降低每股收益

C. 改变公司的资本结构

D. 传递公司的信息,以稳定或提高公司的股价

28. 根据《公司法》的规定,下列关于盈余公积金的说法错误的有(　　)。

A. 只要弥补亏损后,当年的税后利润还有剩余,就必须计提盈余公积金

B. 法定盈余公积金的提取比例为当年税后利润(弥补亏损后)的10%

C. 法定盈余公积金可用于弥补亏损或转增资本

D. 用盈余公积金转增资本后,法定盈余公积金的余额不得低于转增后公司注册资本的25%

三、判断题

1. 企业无盈利不能分配股利。(　　)

2. 在除权日当天购入的股票也可以享有已宣布发放的股利。(　　)

3. 公司分配现金股利的条件是只要有盈利就可分。(　　)

4. 发放股票股利不直接增加股东的财富。(　　)

5. 公司发放股票股利后其股价也会成比例下降。(　　)

6. 发放股票股利会使投资者认为公司有良好的发展前景,在一定程度上稳定股票的价格。(　　)

7. 股利的发放只能来源于留存收益或当期利润。(　　)

8. 采用留存收益作为内部筹资方式,没有任何成本。(　　)

9. 采用剩余股利政策的优点是有利于保持理想的资本结构,降低企业的综合资金成本。(　　)

10. 股票分割不仅有利于促进股票流通和交易,还有利于公司并购政策的实施。(　　)

11. 股票回购可使投资者节约个人所得税。(　　)

12. 企业发放股票股利会引起每股利润的下降,从而导致每股市价有可能下跌,因而每位股东所持股票的市场价值总额也将随之下降。(　　)

13. 对收益经常波动的企业最适宜的股利政策是剩余股利政策。(　　)

14. 任何一个公司都可以根据需要保留利润。(　　)

15. 企业发放股票股利会使每股收益下降。(　　)

16. 股票股利与股票分割都不会引起股权结构的变化。(　　)

17. 发放少量的股票股利可使股东得到股价相对上升的好处。(　　)

18. 与发放现金股利相比,股票回购可以提高每股收益,使股价上升或将股价维持在一个合理的水平上。(　　)

19. 债权人不得干预企业的资金投向和股利分配方案。(　　)

20. 公司的衰退阶段应当采用稳定增长型股利政策来吸引股东。(　　)

21. 发放股票股利会因普通股股数的增加而引起每股收益的下降,进而引起每股市价下跌,但每位股东所持股票的市场价值总额不会因此减少。(　　)

22. 所谓剩余股利政策,就是在公司有着良好的投资机会时,公司的盈余首先应满足投资方案的需要。在满足投资方案需要后,如果还有剩余,再进行股利分配。(　　)

23. 发放股票股利后一定会使得每股收益和每股市价下降。(　　)

24. 发放股票股利不会对公司的资产总额、负债总额及所有者权益总额产生影响,但会发生资金在所有者权益项目间的再分配。(　　)

25. 股票分割后对股东权益总额、股东权益各项目的金额及相互间的比例没有影响,这与发放股票股利有相同之处。(　　)

26. 公司奉行剩余股利政策的目的是保持理想的资本结构;采用固定股利政策主要是为了维持股价;固定股利支付率政策将股利支付与公司当年经营业绩紧密相连,以缓解股利支付压力;而低正常股利加额外股利政策使公司在股利支付中较具灵活性。(　　)

27. 固定股利政策的一个主要缺点是当企业盈余较少甚至亏损时,仍须支付一固定数额的股利,可能导致企业财务状况恶化。(　　)

28. 根据“在手之鸟”理论,公司向股东分配的股利越多,公司的市场价值越大。(　　)

29. 固定股利支付率分配政策的主要缺点在于公司股利支付与其获利能力相脱节,当盈利较低时仍要支付较高的股利,容易引起公司资金短缺、财务状况恶化。(　　)

30. 根据《公司法》的规定,法定盈余公积金的提取比例为当年税后利润(弥补亏损后)的10%。(　　)

四、计算题

1.【资料】某公司发放股票股利前的有关资料如下:

表 7-1

普通股本(面值 1 元,100 万股)	100 万元
资本公积	400 万元
未分配利润	400 万元
股东权益合计	900 万元

当时的股票市价为 10 元/股。

【要求】

(1)按 10 股送 1 股的比例发放股票股利后,计算未分配利润项目的余额为多少。

(2)计算发放股票股利后资本公积金的数额为多少。

(3)列出发放股票股利后的股东权益表。

2.**【资料】** 仍根据 1 资料,公司当年盈余为 200 万元。

【要求】

(1)计算发放股票股利后每股的市场价值是多少。

(2)计算持有 10 000 股该公司股票的股东在发放股票股利后,所持股总市值为多少。

(3)列出股票股利发放前后该股东每股收益、每股市价持股比例及总价值表。

3.**【资料】** 某企业 2012 年实现的净利润为 1 200 万元(不考虑提取法定盈余公积金的因素)。2011 年计划增加投资,所需资金为 900 万元。假定公司目标资本结构为自有资金占 60%,借入资金占 40%。

【要求】 在保持目标资本结构的前提下,如果公司执行剩余股利政策,计算 2012 年应分配的现金股利。

4.**【资料】** 仍根据 3 资料,假设公司 2011 年实现净利润 1 000 万元,分配现金股利 550 万元,如果公司执行固定股利政策。

【要求】 计算 2012 年度应分配的现金股利和可用于 2012 年度投资的留存收益。

5.**【资料】** 仍根据 3、4 资料,在不考虑目标资本结构的前提下,如果公司执行固定股利支付率政策。

【要求】 计算公司 2012 年的股利支付率和 2012 年应分配的现金股利。

6.**【资料】** 某公司原发行每股面值为 2 元的普通股 500 000 股,其他资料如下:

表 7-2 单位:万元

普通股(50 万股,每股 2 元)	100
资本公积	400
留存收益	2 000
股东权益合计	2 500

现公司决定按1股换成2股的比例进行股票分割。

【要求】

(1)填入股票分割后的股东权益项目金额。

表7-3

股票分割后	金额(万元)
普通股(股数:50万股,每股:　元)	
资本公积	
留存收益	
股东权益合计	

(2)通过以上计算,指出股票分割与发放股票股利有何异同。

7.【资料】万方公司2012年实现净利润1 000万元,其他条件如下:(1)以前年度未分配利润为-200万元(超过5年税前弥补亏损期);(2)分别按10%和5%提取法定盈余公积金和任意盈余公积金;(3)2013年公司预计新增投资为800万元;(4)公司的目标资本结构表现为产权比率为1;(5)公司现有普通股为100万股,拟采取剩余股利政策。

【要求】

(1)计算普通股每股股利。

(2)如果以前年度未分配利润为200万元,其余条件同上,计算普通股每股股利。

8.【资料】志达公司2012年资产总额2 000万元,权益乘数为2,其权益资本均为普通股,每股净资产为10元,负债的年平均利率为10%。该公司2012年年初未分配利润为-258万元(超过税法规定的税前弥补期限),当年实现营业收入8 000万元,固定成本700万元,变动成本率60%,所得税税率25%。该公司按10%提取法定盈余公积金。

【要求】

(1)计算该公司2012年年末的普通股股数和年末权益资本。

(2)计算该公司2012年的税后净利润。

(3)如果该公司2012年采取固定股利政策(每股股利1元),计算该公司本年度提取的法定盈余公积金和发放的股利额。

9.【资料】华强公司年终利润分配前的股东权益项目资料如下:股本——普通股(每股面值2元,200万股)400万元;资本公积金160万元;未分配利润840万元;所有者权益1 400万元,公司股票的每股现行市价为35元。

【要求】

(1)计划按每10股送1股的方案发放股票股利,并按发放股票股利后的股数派发每股现金股利0.2元,股票股利的金额按现行市价计算。计算完成这一分配方案后的股东权益各项目金额。

(2)若按 1 股换算 2 股的比例进行股票分割,计算股东权益各项目金额和普通股股数。

10.【资料】A 公司的产品销路稳定,拟投资 600 万元,使其生产能力扩大 20%。该公司想要维持目前 45% 的负债比率,并想继续执行 20% 的固定股利支付率政策。该公司在今年的税后利润为 300 万元。

【要求】该公司明年为扩充上述生产能力而必须从外部筹措多少权益资本?

11.【资料】长城公司的权益账户如下:普通股(每股面值 5 元)500 000 元;资本公积金 300 000 元;未分配利润 2 200 000 元;股东权益总额 3 000 000 元;该公司股票的现行市价为 50 元。

【要求】

(1)发放 10% 的股票股利后,该公司的权益账户有何变化?

(2)股票按 1 股换算 2 股的比例分割后,该公司的权益账户如何变化?

五、综合题

1.【资料】公司今年年底的所有者权益总额为 10 000 万元,普通股 5 000 万股。目前的资本结构为长期负债占 40%,所有者权益占 60%,没有需要付息的流动负债。公司适用的所得税税率为 30%。预计继续增加长期债务不会改变目前的 11% 的平均利率水平。董事会在讨论明年的资金安排时提出:

(1)计划年度分配现金股利 0.1 元/股;

(2)为新的投资项目筹集 4 000 万元资金;

(3)计划年度维持目前的资本结构,并且不增新股,不举借短期借款。

【要求】计算为实现董事会前述要求所需的息税前利润。

2.【资料】某公司 2012 年实现的税后净利润为 2 000 万元,若 2013 年的投资计划所需资金为 1 000 万元,公司的目标资本结构为自有资金占 60%。

【要求】

(1)若公司采用剩余股利政策,计算 2012 年年末可发放多少股利。

(2)若公司发行在外的股数为 2 000 万股,计算每股利润及每股股利。

(3)若 2013 年公司决定将公司的股利政策改为逐年稳定增长的股利政策,设股利的逐年增长率为 3%,投资者要求的必要报酬率为 13%,计算该股票的价值。

3.【资料】顺达公司 2012 年度提取了法定盈余公积金、法定公益金后的净利润为 800 万元,2013 年度投资计划所需资金 700 万元。公司的目标资本结构为自有资金占 60%,借入资金占 40%。

【要求】按照目标资本结构的要求回答下列问题:

(1)公司若实行剩余股利政策,2012 年度可向投资者发放多少股利?

(2)若公司实行固定股利政策,2011年支付固定股利320万元,则2012年利润净增5%,2012年该公司向投资者支付多少股利?

(3)若公司采用固定股利支付率政策,公司每年按40%的比例分配股利,如2012年利润净增5%,则该公司应向投资者分配的股利为多少?

(4)若公司实行低正常股利加额外股利政策,规定当实现净利润增加5%时,净利润的1%部分作为额外股利。2012年顺达公司净利润增加5%,则应支付的股利为多少?

六、案例分析

股利政策的选择

长城饮品股份有限公司(以下简称长城公司)的前身是长城汽水厂,创办于20世纪80年代,当时是当地最大的饮料企业,生产的"长城"汽水是当地的名牌产品,市场占有率较高。2000年长城汽水厂改组为长城饮品股份有限公司,总股本1 500万元。公司章程有如下规定:

公司净利润按以下顺序分配:(1)弥补上一年度亏损;(2)提取10%的法定盈余公积金;(3)提取5%的任意盈余公积金;(4)支付股东股利。

公司实行同股同权的分配政策。公司董事会在每个会计年度结束后提出分配预案,报股东大会批准实施。除股东大会另有决议外,股利每年派发一次,在每个会计年度结束后6个月内,按股东持股比例进行分配。当董事会认为必要时,在提请股东大会讨论通过后,可增派年度中期股利。

在向个人股东分配股利时,按照我国《个人所得税法》和国家税务总局发布的《征收个人所得税若干问题的规定》代扣代缴个人所得税。

在生产经营过程中,最初由于当时的饮品包装多为玻璃瓶式,不易运输,外地饮料难以打入本地市场,长城公司借助于地利,在本地市场中一直占有较高优势,经营业绩稳步上升。为此,公司经股东大会决议,制定了固定股利政策,即每年每股发放0.2元的现金股利。

随着市场经济的不断深化,我国饮品市场发展越来越迅猛,全球市场一体化趋势在饮品市场尤为突出,一些国内外知名品牌,如可口可乐、百事可乐、娃哈哈、乐百氏等不断涌入当地市场,饮品行业竞争日益激烈。长城公司的市场占有率不断降低,经营业绩也随之不断下降,公司管理层对此忧心忡忡,认为应该对公司各个方面进行重新调整,其中包括股利政策。

长城公司于2010年1月15日召开董事会会议,要求公司的总会计师提出新的股利政策方案,以供董事会讨论。总会计师为此召集相关人员进行了深入细致的调查,获得了以下有关资料:

第一,我国饮品行业状况。

近几年我国饮品行业发展迅速，在国民经济各行业中走在了前列，目前市场竞争非常激烈，但市场并没有饱和。从资料来看，欧洲每年人均消费各种饮品200公斤，我国每年人均消费各种饮品还不到10公斤。可见，我国饮品市场仍有着巨大的潜力。近年来，我国桶装水、瓶装水市场需求旺盛，目前市场供应量虽然也较充分，但产品合格率不尽如人意。另外，随着人们生活质量和保健意识的提高，果味饮料、碳酸饮料市场日趋萎缩，绿色无污染保健饮品、纯果汁饮品、植物蛋白饮品以及茶饮品正在成为饮品家族的新生力量，在市场上崭露头角，满足了人们高品位的需求，市场潜力巨大。

第二，长城公司目前状况。

公司目前的主要生产能力用于生产三类产品，其中70%的生产能力用于生产传统产品——果味饮料和碳酸饮料；30%的生产能力用于生产公司年初开发的绿色纯果汁系列产品。目前该系列产品已呈现较强的市场竞争力，预计将成为长城公司新的利润增长点，不过由于长城公司生产能力有限，对该系列产品投入不足，产出量不大，所创利润也有限。

长城公司目前广告宣传力度不够。市场调查资料显示，各种品牌的饮品销售额与相关的广告宣传力度有极大关系。广告做得多，消费者受到的消费提示就越多，产品的市场份额也就越大。饮品行业中各大公司都在竭尽全力地进行广告宣传，以扩大市场知名度，进而扩大销售，提高企业经营业绩。长城公司在前些年中一直未充分认识到广告宣传对公司业绩的影响，每年广告宣传方面的费用比同行业平均水平低30%，致使长城公司产品在其他品牌进入市场后，呈现逐渐被人淡忘的局面。

第三，长城公司投资计划。

经过广泛的市场调研之后，长城公司制订了2010年度投资计划，主要内容如下：

面对逐渐萎缩的果味饮料和碳酸饮料市场，公司将生产能力转向新开发的、市场前景被看好的绿色纯果汁饮品。为此，公司将引进一条新的生产线以及相应的配套设施，预计需投资800万元，投产后当年即可见效，预计投资报酬率在25%左右。

公司将继续投资开发新产品，拟在绿色无污染保健饮品、纯果汁饮品和植物蛋白饮品方面有所发展。预计投入研发费用200万元。

长城公司财务状况见表7-4。

表7-4 金额单位：万元

项目	2009年度	2008年度
主营业务收入	1 800.00	2 040.00
主营业务成本	1 250.00	1 400.00
营业利润	480.00	566.00
利润总额	160.00	510.00

续表

项目	2009年度	2008年度
净利润	308.20	341.70
年初未分配利润	170.40	180.00
可供分配的利润	478.60	521.70
提取法定盈余公积金	30.80	34.20
提取任意盈余公积金	15.40	17.10
可供股东分配的利润	432.40	470.40
应付普通股股利		300.00
未分配利润		170.40
税后每股收益(元/股)	0.25	0.27

长城公司目前尚未制订具体的筹资计划,有关资料如下:

长城公司目前资产负债率为35%,当前饮品行业平均资产负债率为40%。根据有关方面调查,公司有30%的股东比较偏好资金收益,有20%的股东比较偏好现金收益,有50%的股东无特别偏好。在当前股市中,如果发行新股筹资,每股发行价为5~6元,发行费用率4%。长城公司股票目前的市盈率偏低,为5倍,而投资者对本行业的期望投资报酬率为20%左右。预计在调整生产结构、实现投产计划后,公司业绩将有所提高,市盈率会上升到10倍,接近同行业平均水平。

长城公司有较好的银企关系,银行能给公司提供约500万元的贷款。长城公司长期资金情况见表7-5。

表7-5

资产负债率	0%~20%	20%~45%	45%~60%	60%~100%
资金成本	5%	6%	7%	10%

长城公司的现金流量情况:公司每年的销售收入中,40%为赊销收入,其中有80%的客户信用较好,一般可于半年内付款,有15%的客户也许拖至一年以后付款,有2%的客户可能延至一年半后才付款,另有3%的客户可能无法付款;长城公司下年6月将有220万元的长期借款到期。

【要求】 请根据上述资料对长城公司的股利政策作出分析决策。

第8章 财务预算与控制

一、单项选择题

1. 企业以货币形式表示的关于未来一定预算期间内财务方面的经营目标及有关实现该目标的财务活动计划，称之为（　　）。

A. 定基预算　B. 责任预算　C. 固定预算　D. 财务预算

2. 在编制预算时，只根据预算期内计划实现的某一固定业务量水平作为基础来编制预算，叫作（　　）。

A. 定基预算　B. 日常预算　C. 静态预算　D. 动态预算

3. 弹性预算编制的基础是（　　）。

A. 预计产量　B. 经营目标　C. 成本习性分析　D. 成本动态分析

4. 在制定预算指标时比较容易找到参照标准的预算编制方法是（　　）。

A. 定基预算法　B. 固定预算法　C. 增量预算法　D. 零基预算法

5. 零基预算法编制预算的基础是（　　）。

A. 以零为起点　B. 日常预算　C. 原有水平　D. 责任预算

6. 滚动预算一般用于（　　）。

A. 较为重大事项的预算控制　B. 日常预算的控制

C. 定基财务预算的控制　D. 不太重要事项的预算控制

7. 编制生产预算、成本预算、期间费用预算和现金收支预算的基础是（　　）。

A. 日常预算　B. 销售预算　C. 固定预算　D. 增量预算

8. 生产预算是根据销售预算而编制的产量计划，编制销售预算应遵守（　　）。

A. 计划性原则　B. 最大产量原则　C. 节约成本原则　D. 以销定产原则

9. 以生产预算为基础，结合企业所制定的材料消耗定额、预计材料采购单价及期初、期末材料存货水平等信息来编制的预算是（　　）。

A. 直接材料预算　B. 材料采购预算

C. 材料存货预算　D. 材料消耗预算

10. 关于预算期内为完成产品产量生产计划而编制的有关人工工时的劳动量和直接人工成本的计划称之为（　　）。

A. 劳动量预算　B. 直接人工预算

C. 人工工时预算　　D. 工时劳动量预算

11. 应在生产预算、直接材料预算、直接人工预算和制造费用预算的基础上并以其中的有关资料为依据而编制的预算是(　　)。

A. 现金收支预算　　B. 直接人工预算

C. 产品成本预算　　D. 财务预算

12. 特种决策预算是非日常业务预算,(　　)。

A. 不需要定期编制　　B. 需要定期编制

C. 属于经营预算　　D. 属于实物预算

13. 能够综合、概括反映企业现金收支及现金筹集的来源渠道与运用去向的预算是(　　)。

A. 预计利润表　　B. 日常业务预算

C. 财务预算　　D. 现金预算

14. 将企业财务收支等活动约束于事先确定的范围之内的管理活动就是企业的(　　)。

A. 财务预算　　B. 财务检查　　C. 财务控制　　D. 财务监督

15. 科学、合理地赋予企业职能部门或管理者一定决策权力的管理,叫作(　　)。

A. 授权　　B. 授权控制　　C. 财务控制　　D. 预算管理

16. 在企业中,对于不相容职务必须(　　)。

A. 合并　　B. 分离　　C. 兼任　　D. 授权

17. 现代企业财务管理中,财务预算、财务控制与考核最常用的一种组织形式是(　　)。

A. 集权式模式　　B. 分权式模式

C. 指标分解　　D. 责任中心预算控制

18. 责任中心是企业内部划分的各级单位和各个管理部门,其既享有一定权利,同时承担一定的(　　)。

A. 分工和经济责任　　B. 收入任务

C. 利润任务　　D. 责任会计核算任务

19. 反映责任中心预算实际执行情况,揭示实际与预算差异的内部会计报告称为(　　)。

A. 财务报告　　B. 责任报告　　C. 预算报表　　D. 责任报表

20. 对企业利润在企业内部各环节进行模拟实现而设置的责任中心,叫作(　　)。

A. 核算中心　　B. 利润中心　　C. 人为利润中心　　D. 自然利润中心

二、多项选择题

1. 编制财务预算的作用主要表现为(　　)。

A. 明确财务目标　　B. 控制财务活动

C. 协调财务关系　　D. 建立绩效评估体系与标准

2. 常用的预算编制方法,根据所编预算的期间特性不同,可分为(　　)。

A. 增量预算　　B. 定期预算

C. 零基预算　　D. 滚动预算

3. 编制弹性预算的基本步骤包括(　　)。

A. 选择和确定业务量

B. 根据预测确定可能达到的各种业务量水平

C. 确定各预算项目指标与业务量之间的数量关系及预算水平指标

D. 测量弹性预算的业务量范围

4. 增量预算与零基预算的区别体现为(　　)。

A. 预算基础不同　　B. 预算编制分析的对象不同

C. 预算期间不同　　D. 预算的着眼点不同

5. 滚动预算的主要特点表现为(　　)。

A. 整个预算的预算期始终保持固定的时间长度

B. 在预算指标制定上,按每一分期由近及远,预算指标由详细到粗略

C. 随着时间的推移,各分期的预算指标由原来比较粗略到不断详细

D. 整个预算的预算期时间长度在逐渐缩短

6. 滚动预算按滚动的时间单位不同可分为(　　)。

A. 逐季滚动方式　　B. 逐日滚动方式

C. 逐月滚动方式　　D. 混合滚动方式

7. 在企业实际预算管理中,通常要编制的预算可分为三大类,分别为(　　)。

A. 现金预算　　B. 日常业务预算

C. 特种决策预算　　D. 财务预算

8. 财务预算包括(　　)。

A. 现金预算　　B. 预计财务报表

C. 日常业务预算　　D. 特种决策预算

9. 预计应交增值税的方法有(　　)。

A. 公式法　　B. 分析法

C. 常规法　　D. 简捷法

10. 企业特种决策预算主要分为(　　)。

A. 生产决策预算　　B. 经营决策预算

C. 投资决策预算　　D. 销售决策预算

11. 现金收支预算在构成内容上主要组成部分包括(　　)。

A. 现金收入　　B. 现金支出

C. 现金余额　　D. 现金调剂

12. 财务控制系统的特征包括(　　)。

A. 以财务预算内容为控制对象　　B. 以企业经营目标为控制目的

C. 以财务控制为控制措施　　D. 以价值控制为手段

13. 按照财务控制的功能可将财务控制分为(　　)。
A. 预防性控制　　B. 侦察性控制
C. 纠正性控制　　D. 指导性控制
14. 财务控制按其控制时间特征可划分为(　　)。
A. 全过程控制　　B. 事后控制
C. 事中控制　　D. 事先控制
15. 财务控制按控制的依据可分为(　　)。
A. 预算控制　　B. 授权与批准控制
C. 制度控制　　D. 职务分离控制
16. 实施责任中心预算控制的主要组织过程为(　　)。
A. 划分责任中心,规定权责范围
B. 编制责任预算,规定各责任中心的业绩考核标准
C. 组织责任会计核算体系
D. 考核与评价责任中心的业绩
17. 在制定内部转移价格时应遵守的原则有(　　)。
A. 全局性原则　　B. 公平性原则
C. 重要性原则　　D. 合理性原则
18. 内部转移价格的类型有(　　)。
A. 市场价格　　B. 协商价格
C. 成本价格　　D. 双重价格
19. 成本中心按发生额与业务量的关系可分为(　　)。
A. 技术性成本中心　　B. 部门成本中心
C. 酌量性成本中心　　D. 个人成本中心
20. 投资中心与利润中心的区别主要包括(　　)。
A. 权利不同　　B. 考核办法不同
C. 预算方法不同　　D. 管理责任不同

三、判断题

1. 广义的财务预算其内容主要包括现金收支预算、预计资产负债表、预计利润表等。(　　)
2. 固定预算法具有适应性强的优点。(　　)
3. 编制的弹性预算通常是一组不同业务量水平的预算。(　　)
4. 定期预算这种方法具有指导性差的不足。(　　)
5. 销售预算是编制生产预算、成本预算、期间费用预算和现金收支预算的基础。(　　)
6. 编制生产预算就是以每期预算销售量作为本期生产量组织本期产品生产。(　　)

7. 直接材料预算可根据当期产品生产量预算和企业所制定的材料消耗定额来编制。( )

8. 制造费用分配标准通常选择价值量指标。( )

9. 现金预算与预计财务报表是企业所编制的反映企业财务成果和财务状况的综合性预算。( )

10. 预计资产负债表是关于预算年度预计资产、负债、所有者权益要素可能达到状态的预算。( )

11. 财务控制是保证实现财务管理目标的关键。( )

12. 财务控制要素是决定和影响企业财务控制活动的基本条件和因素。( )

13. 全面预算控制的主要环节有:建立预算体系,包括确定预算的内容、目标和程序;预算的编制和审定;预算指标的下达及落实等预算环节。( )

14. 财务控制的最终效率取决于奖罚制度是否得以合理的贯彻实施。( )

15. 按照财务控制的内容可将财务控制分为一般控制和应用控制两类。( )

16. 责任中心预算控制也称为责任预算控制,就是指划分责任中心的过程。( )

17. 责任中心会计核算一般简称为责任会计,是企业财务会计的组成部分。( )

18. 责任成本是指企业某一责任中心所发生的费用总和。( )

19. 责任预算是指各责任中心为完成所承担的成本、收入、利润和投资等企业预算指标任务而编制的预算。( )

20. 投资中心、成本中心一般不是独立法人,利润中心可以是也可以不是独立法人。( )

四、综合题

1.【资料】昌达公司 2013 预算年度预计销售甲产品 2 000 件,单价 400 元,单位成本为 200 元,其中:直接材料 100 元,直接人工 60 元,制造费用 40 元。

【要求】按固定预算法编制产品销售利润预算,如表 8-1 所示。

表 8-1　　昌达公司 2013 预算年度利润预算表　　单位:元

项目	预算金额
销售收入	
销售成本:	
直接材料	
直接人工	
制造费用	
销售利润	

2.【资料】森明公司 2013 预算年度生产甲产品,预计最高年销售量 270 台;预计单

位变动成本 270 元,其中直接材料成本 162 元、直接人工成本 27 元、制造费用 81 元;预计固定制造费用总额 9 900 元;预计甲产品销售单价 360 元。

【要求】

(1)根据上述资料,按弹性预算法编制如下业务量为最高年销售量 100%、90%、80%的不同业务量水平下的收入、成本和利润预算,如表 8-2 所示。

(2)采用公式法,按预计销售量为最高销售量的 95%,确定直接材料成本、直接人工成本、制造费用、销售成本总额预算指标。

表 8-2　　森明公司 2013 预算年度收入、成本和利润预算表　　单位:万元

业务量 项目			
销售收入			
销售成本			
其中:变动成本			
直接材料			
直接人工			
制造费用			
固定成本			
销售利润			

3.【资料】森明公司 2013 预算年度可用于销售费用的资金总额为 400 万元,销售部门提出的销售费用预算总额为 480 万元,具体项目如表 8-3 所示。

表 8-3　　森明公司 2013 预算年度销售部门销售费用预算(草案)　　单位:元

项目	金额
销售人员工资	1 410 000
广告费	1 280 000
差旅费	440 000
保险费	330 000
办公费	400 000
培训费	160 000
销售佣金	780 000
合计	4 800 000

森明公司预算委员会按销售费用可否避免和轻重缓急将上述项目分为三个等级：一级费用，包括销售人员工资、保险费和销售佣金；二级费用，包括广告费和差旅费；三级费用，包括办公费和培训费。其中：一级费用要全部予以保证；扣除一级费用后的剩余资金的65%用于满足二级费用；最后用于满足三级费用的需要。

【要求】按零基预算法编制销售部门销售费用预算，如表8-4所示。

表8-4　森明公司2013预算年度销售部门销售费用预算　单位：元

项目	预算（草案）	最终预算
一级费用：		
二级费用：		
三级费用：		
合计		

4.【资料】某企业上年度存货平均占用资金400万元，其中不该发生的项目支出和过度地不合理占用额共为30万元。预算年度业务量将比上年增长7%，价格上涨3%，存货资金周转速度提高8%。

【要求】根据资料测定该企业预算年度存货资金预算额。

5.【资料】海资公司2013预算年度计划生产和销售A产品，经销售预测：四个季度的预计销售量（件）分别为：1 500、1 600、1 800、1 700，预计销售单价（不含税）为600元，公司适用的增值税税率为17%；各季度销售货款的80%于当季度收到，其余20%在下季度收到。2012年年末的应收账款余额为30 000元，预计在预算期第一季度收到现金。

【要求】为海资公司编制2013年度的销售预算及经营现金收入预算，如表8-5所示。

表 8-5　　海资公司 2013 年度销售及经营现金收入预算　　金额单位:元

项目		一季度	二季度	三季度	四季度	全年合计
预计销售量(件)						
预计销售单价						
预计不含税销售收入						
预计增值税销项税额						
预计含税销售收入						
预计经营现金收入	收到本期销售收入					
	收到上期销售收入					
	现金收入合计					

6.【资料】海资公司 2012 年年末 A 产品存货量为 100 件,2013 预算年度的 A 产品销售量计划见综合题 5,该公司生产销售管理部门分析,2013 年前三个季度末产成品存货预计占下季度销售量的 10%,第四季度末存货量预计为 120 件。

【要求】为海资公司编制 2013 年度的生产预算,如表 8-6 所示。

表 8-6　　海资公司 2013 年度生产预算表　　单位:件

摘要	一季度	二季度	三季度	四季度	全年合计
预计销售量					
加:预计期末存货量					
减:预计期初存货量					
预计产品生产量					

7.【资料】海资公司 2013 年 A 产品预计产品生产量资料,请见综合题 6 编制完成的生产预算表 8-6。2013 年海资公司生产 A 产品只需用甲材料,A 产品甲材料消耗定额为 15 千克/件,单价 5.00 元/千克;2013 年年初甲材料库存量为 6 000 千克,2013 年前三个季度末甲材料库存按下季度生产需要量的 10% 储备,第四季度末预计结存量为 2 000 千克;2013 年第一季度需支付上年应付购料款余额为 42 120 元,预计 2013 年各季度材料采购款于当季度以现金支付 80%,其余 20% 下季度再以现金付讫(即后期对上期未付账款支付率为 100%)。

【要求】依据资料为海资公司编制 2013 年度的直接材料需用量预算(表 8-7)、直接材料采购预算(表 8-8)和材料采购现金支出预算(表 8-9)。

表 8-7　海资公司 2013 年度直接材料需用量预算

摘要	一季度	二季度	三季度	四季度	全年合计
预计产品生产量(件)					
单位产品材料消耗定额(千克)					
预计材料生产需用量(千克)					

表 8-8　海资公司 2013 年度直接材料采购预算

摘要	一季度	二季度	三季度	四季度	全年合计
预计材料生产需用量(千克) 加:预计材料期末结存量(千克) 减:预计材料期初结存量(千克)					
预计材料采购量(千克)					
单位材料价格(元/千克)					
预计材料采购成本(元)					
加:预计材料增值税进项税额(元)					
预计采购材料需资金总额(元)					

表 8-9　海资公司 2013 年度材料采购现金支出预算　单位:元

<table>
<tr><th colspan="3">摘要</th><th>一季度</th><th>二季度</th><th>三季度</th><th>四季度</th><th>全年合计</th></tr>
<tr><td colspan="3">预计采购材料需资金总额</td><td></td><td></td><td></td><td></td><td></td></tr>
<tr><td rowspan="9">预计所需现金支出</td><td rowspan="2">一季度支付</td><td>上期未付材料款</td><td></td><td></td><td></td><td></td><td></td></tr>
<tr><td>本季采购材料款</td><td></td><td></td><td></td><td></td><td></td></tr>
<tr><td rowspan="2">二季度支付</td><td>上期未付材料款</td><td></td><td></td><td></td><td></td><td></td></tr>
<tr><td>本季采购材料款</td><td></td><td></td><td></td><td></td><td></td></tr>
<tr><td rowspan="2">三季度支付</td><td>上期未付材料款</td><td></td><td></td><td></td><td></td><td></td></tr>
<tr><td>本季采购材料款</td><td></td><td></td><td></td><td></td><td></td></tr>
<tr><td rowspan="2">四季度支付</td><td>上期未付材料款</td><td></td><td></td><td></td><td></td><td></td></tr>
<tr><td>本季采购材料款</td><td></td><td></td><td></td><td></td><td></td></tr>
<tr><td colspan="2">本期现金支出合计</td><td></td><td></td><td></td><td></td><td></td></tr>
<tr><td colspan="3">应在下期支付的本期货款</td><td></td><td></td><td></td><td></td><td></td></tr>
</table>

8.【资料】海资公司 2013 年产品销售预算资料见综合题 5 编制完成的销售及经营现金收入预算(表 8-5),直接材料采购预算资料见综合题 7 编制完成的直接材料采购预算(表 8-8)。海资公司 2013 年预计不会发生营业税、消费税和资源税,公司适用的城市维护建设税税率为 7%,教育费附加的征收率为 3%。

【要求】根据上述资料编制海资公司 2013 年应交税金及附加预算,如表 8-10 所示。

表 8-10　　海资公司 2013 年度应交税金及附加预算　　单位:元

项目		一季度	二季度	三季度	四季度	全年合计
预计增值税销项税额						
预计材料增值税进项税额						
预计应交增值税						
预计营业税金及附加	应交营业税、消费税、资源税					
	应交城市维护建设税					
	应交教育费附加					
	小计					
合计						
预计现金支出						

9.【资料】海资公司单位 A 产品工时定额为 8 小时/件,小时工资率为 6 元/小时、其他直接人工费用(福利费等)计提比例为 14%;工资均在当季以现金支付,预计其他直接人工费用现金支付率为 70%。海资公司 2013 预算年度生产预算见综合题 6 中编制完成的生产预算表 8-6。

【要求】为海资公司编制 2013 年度的直接人工预算,如表 8-11 所示。

表 8-11　　海资公司 2013 年度直接人工预算

摘要		一季度	二季度	三季度	四季度	全年合计
预计产品生产量(件)						
单位产品工时定额(小时)						
直接人工工时总数(小时)						
单位工时的工资额(元/小时)						
预计产品直接工资成本(元)						
其他直接人工费用计提比例(%)						
预计其他直接人工费用(元)						
预计直接人工成本总额(元)						
预计现金支出	直接工资成本现金支出(元)					
	其他直接人工费用现金支出(元)					
	合计					

10.【资料】海资公司财务及有关人员,经分析预测的公司 2013 年产品生产中的制造费用资料见表 8-12,2013 年公司的制造费用均需当期付现(不含折旧非付现成本项目);公司以人工工时为变动性制造费用的分配标准,有关工时资料见综合题 9 中编制完成的直接人工预算表 8-11。

表 8-12　　海资公司 2013 年度固定性制造费用和变动性制造费用预测表　　单位:元

固定性制造费用	金额	变动性制造费用	金额
人工费	60 000	间接人工费	120 000
维修费	40 000	间接材料费	80 000
折旧费	120 000	水电费	100 000
材料费	80 000	材料处理费	80 000
水电费	40 000	搬运清理费	60 000
其他	20 000	其他	33 400
合计	360 000	合计	473 400

【要求】为海资公司编制 2013 年度的制造费用及现金支出预算,如表 8-13 所示。

表 8-13　　海资公司 2013 年度制造费用预算　　金额单位:元

项目	分配率(元/小时)	一季度	二季度	三季度	四季度	全年合计
直接人工小时总数(小时)						
固定性制造费用						
其中:人工费						
维修费						
折旧费						
材料费						
水电费						
其他						
合计						
变动性制造费用						
其中:间接人工费						
间接材料费						
水电费						
材料处理费						
搬运清理费						
其他						
合计						
制造费用总计						
减:折旧费						
预计现金支出额						

11.【资料】海资公司 2013 年年初结存的 A 产成品成本总额为 29 000 元，单位成本为 290 元；生产预算、直接材料采购预算、直接人工预算和制造费用预算分别见综合题 6、7、9、10 编制完成的预算表 8-6、表 8-8、表 8-11、表 8-13；产成品按先进先出法计价，固定性制造费用全部由预计销售产品负担。

【要求】为海资公司编制 2013 年度的产品成本预算，如表 8-14 所示。

表 8-14　　海资公司 2013 年度产品成本预算

成本项目	单位价格	单位产品分配标准	单位成本（元）	生产总成本（产量　件）（元）
直接材料成本	（　）元/千克	（　）千克/件		
直接人工成本	（　）元/工时	（　）工时		
变动性制造费用	（　）元/工时	（　）工时		
固定性制造费用	（　）元/工时	（　）工时		
预计产品生产成本总额（元）				
加：期初在产品、半成品成本余额			0	0
减：期末在产品、半成品成本余额			0	0
预计完工产品生产成本				
加：期初结存产成品成本余额				
减：期末结存产成品成本余额				
预计本期产品销售成本（预计销售量为　件）				

12.【资料】海资公司 2013 预算年度拟对存货按先进先出法计价，公司的生产预算、直接材料采购预算和产品成本预算分别见综合题 6、7、11 编制完成的预算表 8-6、表 8-8、表 8-14；为简化存货预算的编制，在产品和半成品视为零。

【要求】为海资公司编制 2013 年度的年末存货预算，如表 8-15 所示。

表 8-15　　海资公司 2013 年度年末存货预算

<table>
<tr><th>项目</th><th>名称</th><th>单位成本(元)</th><th>期末结存量</th><th>期末结存成本(元)</th></tr>
<tr><td rowspan="3">材料存货</td><td>甲材料</td><td></td><td></td><td></td></tr>
<tr><td></td><td></td><td></td><td></td></tr>
<tr><td colspan="3">小计</td><td></td></tr>
<tr><td rowspan="3">产成品存货</td><td>A 产品</td><td></td><td></td><td></td></tr>
<tr><td></td><td></td><td></td><td></td></tr>
<tr><td colspan="3">小计</td><td></td></tr>
<tr><td>在产品等存货</td><td></td><td></td><td>0</td><td>0</td></tr>
<tr><td colspan="4">期末存货成本合计</td><td></td></tr>
</table>

13.【资料】海资公司 2013 预算年度生产预算见综合题 6 中编制完成的生产预算表 8-6。海资公司财务及有关人员经对上年销售费用进行分析后，测算的公司 2013 年度销售费用合理开支的基本数据如表 8-16 所示，变动性销售费用和固定性销售费用均需当期付现。

表 8-16　　海资公司 2013 年度销售费用合理开支测算表

<table>
<tr><th colspan="3">变动性销售费用</th><th colspan="2">固定性销售费用(元)</th></tr>
<tr><td rowspan="2">项目</td><td colspan="2">单位产品变动性销售费用</td><td>项目</td><td>全年总额</td></tr>
<tr><td>A 产品</td><td>×产品</td><td>管理人员工资</td><td>5 000</td></tr>
<tr><td>佣金</td><td>1.2(元/件)</td><td></td><td>专设机构经费</td><td>9 000</td></tr>
<tr><td>运杂费</td><td>0.2(元/件)</td><td></td><td>宣传广告费</td><td>14 000</td></tr>
<tr><td>其他</td><td>0.6(元/件)</td><td></td><td>销售保险费</td><td>5 500</td></tr>
<tr><td></td><td></td><td></td><td>其他</td><td>1 500</td></tr>
<tr><td></td><td></td><td></td><td></td><td></td></tr>
<tr><td>合计</td><td>2.00(元/件)</td><td></td><td>合计</td><td>35 000</td></tr>
</table>

【要求】为海资公司编制 2013 年度的销售费用及现金支出预算，如表 8-17 所示。

表 8-17　　海资公司 2013 年度销售费用及现金支出预算

项目		一季度	二季度	三季度	四季度	全年合计
单位产品变动性费用(元/件)	A 产品					
	×产品					
预计产品销售量(件)	A 产品					
	×产品					
变动性费用(元)	A 产品					
	×产品					
	小计					
固定性费用(元)						
预计销售费用合计(元)						
预计现金支出(元)						

14.【资料】(1)海资公司已编制完成的 2013 年度 B 产品生产线投资决策预算如表 8-18 所示,所用资金均为当期付现。

表 8-18　　海资公司 2013 年度 B 产品生产线投资决策预算　　单位:元

项目	一季度	二季度	三季度	四季度	全年
勘察设计费	4 000				4 000
土建工程费	6 000				6 000
设备购置费		90 000	8 000		98 000
安装工程费			1 000	4 000	5 000
其他				1 000	1 000
购置固定资产支出合计	10 000	90 000	9 000	5 000	114 000

(2)海资公司已编制完成的 2013 预算年度管理费用、财务费用及现金支出预算,如表 8-19 所示,应付现金均为当期付现。

表 8-19　　海资公司 2013 年度管理费用、财务费用及现金支出预算　　单位:元

费用项目	年度预算金额	各季平均额
公司经费	32 000	8 000
无形资产摊销	20 000	5 000
折旧费	8 000	2 000
管理费用小计	60 000	15 000
利息净支出	4 800	1 200
其他	4 400	1 100
财务费用小计	9 200	2 300
合计	69 200	17 300
减:折旧费	8 000	2 000
无形资产摊销	20 000	5 000
预计现金支出	41 200	10 300

(3)经预测,2013 年 4 月份将以现金支付上年股利 520 000 元;2013 年第二季度末、第三季度末和第四季度末将分别偿还上年流动资金借款本金 200 000 元、500 000元、1 000 000元;2013 年每季预交所得税 20 000 元。

(4)海资公司 2013 年预算年度期初货币资金余额为 350 000 元,预算期内最佳货币资金持有量为90 000 元,当每季实际货币资金持有量超过(或不足)最佳货币资金持有量时,按万元购售债券进行调剂,如售出债券不足以调节现金短缺时,以借入一年期银行流动资金借款解决。

(5)其他有关预算资料分别见综合题 6 ~ 13 的资料及编制完成的预算表。

【要求】根据已知资料编制海资公司现金预算,如表 8-20 所示。

表 8-20　　**海资公司2013年度现金预算**　　单位：元

项目	一季度	二季度	三季度	四季度	全年	资料来源及计算依据
①期初现金余额						
经营现金收入						
其中：销售收入						
其他收入						
②经营现金收入						
③可用现金合计						
经营性现金支出						
其中：直接材料采购支出						
支付增值税、营业税金及附加						
支付直接人工						
支付制造费用						
支付销售费用						
支付管理费用及财务费用						
支付其他收入的成本						
预交所得税						
支付股利						
④经营性现金支出合计						

续表

项目	一季度	二季度	三季度	四季度	全年	资料来源及计算依据
资本性现金支出						
其中：购置固定资产支出						
追加流动资金支出						
⑤资本性现金支出合计						
⑥现金支出总计						④+⑤
⑦现金节余(不足)						③-⑥
现金筹措与运用						
现金筹措						
其中：流动资金借款						
发行公司债券						
出售有价证券						
⑧现金筹措小计						
现金运用						
其中：归还流动资金借款						
购入有价证券						
⑨现金运用小计						
⑩期末现金余额						⑦+⑧-⑨

15.【资料】有关预算资料分别见综合题 6 ~ 13 的资料及编制完成的预算表。

【要求】按变动成本法为海资公司编制 2013 年度的预计利润表,如表 8-21 所示。

表 8-21　　海资公司 2013 年度预计利润表　　单位:元

项目	金额	资料来源及计算依据
营业收入		
减:营业成本		
营业税金及附加		
贡献边际总额(生产阶段)		
加:其他业务利润		
减:变动性销售费用		
贡献边际总额(销售阶段)		
减:固定性制造费用		
固定性销售费用		
管理费用、财务费用		
利润总额		
减:所得税(税率 25%)		
净利润		

16.【资料】海资公司 2013 预算年度期初未分配利润为 210 000 元,预算年度计提法定盈余公积、任意盈余公积的比例分别为 10%、5%,股利分配率预计为 40%。

【要求】结合综合题 15 编制完成的预计利润表为海资公司编制 2013 年度的预计利润分配表,如表 8-22 所示。

表 8-22　　海资公司 2013 年度预计利润分配表　　单位:元

项目	金额
年初未分配利润	
加:本年预计实现净利润	
减:提取法定盈余公积金(10%)	
提取任意盈余公积金(5%)	
可供投资者分配的利润	
减:向投资者分配股利	
年末未分配利润	

17.【资料】海资公司 2013 年预算年度的经营预算、投资决策预算、现金预算和预计利润分配表等见综合题 6 ~ 16 的资料及编制完成的预算表。

【要求】为海资公司编制 2013 年度的预计资产负债表,如表 8-23 所示。

表 8-23　　海资公司 2013 年度预计资产负债表　　单位:元

资产	年初数	年末数	资料来源及计算依据
流动资产			
货币资金	350 000		
应收票据	300 000		
交易性金融资产	500 000		
应收账款	30 000		
存货	59 000		
流动资产合计	1 239 000		
固定资产			
固定资产原值	6 580 000		
减:累计折旧	987 000		
固定资产净值			
在建工程	1 090 000		
固定资产合计	6 683 000		
无形资产及其他长期资产			
无形资产	210 000		

续表

资产	年初数	年末数	资料来源及计算依据
其他长期资产			
无形资产及其他长期资产合计	210 000		
资产总计	8 132 000		
负债及所有者权益	年初数	年末数	资料来源及计算依据
流动负债			
短期借款	1 700 000		
应付账款	42 120		
应付债券	500 000		
应交税金			
应付股利	520 000		
应付职工薪酬	178 000		
其他			
流动负债小计	2 940 120		
长期负债			
长期借款	700 000		
应付债券			
长期负债小计	700 000		
负债合计	3 640 120		
所有者权益			
实收资本	3 731 880		
资本公积	150 000		
盈余公积	400 000		
未分配利润	210 000		
所有者权益合计	4 491 880		
负债及所有者权益总计	8 132 000		

18.【资料】某公司将其一分厂设为成本责任中心，生产 A 产品，预算年产量 6 000 件，单位成本 400 元；实际年产量 4 500 件，单位成本 550 元。

【要求】分析该成本中心成本预算执行情况。

模拟试题（一）

一、单项选择题（本类题共 25 题，每小题 1 分，共 25 分。每小题备选答案中，只有一个符合题意的正确答案。多选、错选、不选均不得分）

1. 下列各项中，运用普通股每股利润无差异点确定最佳资本结构时，需计算的指标是（　　）。

A. 息税前利润　　B. 营业利润

C. 净利润　　D. 利润总额

2. 某企业按年利率 5.8% 向银行借款 1 000 万元，银行要求保留 15% 的补偿性余额，则这项借款的实际利率约为（　　）。

A. 5.8%　　B. 6.4%　　C. 6.8%　　D. 7.3%

3. 以下关于企业公司收益分配的说法中正确的是（　　）。

A. 公司持有的本公司股份也可以分配利润

B. 企业在提取公积金前向股东分配利润

C. 公司的初创阶段和衰退阶段都适合采用剩余股利政策

D. 只要有盈余就要提取法定盈余公积金

4. 下列各项中不属于流动负债主要来源的是（　　）。

A. 短期借款　　B. 应付股利

C. 短期融资券　　D. 商业信用

5. 采用销售百分率法预测资金需要量时，下列项目中被视为不随销售收入变动的是（　　）。

A. 现金　　B. 应收账款　　C. 存货　　D. 公司债券

6. 某企业拟以"2/10，n/40"的信用条件购入一批货物，则放弃现金折扣的机会成本为（　　）。

A. 2%　　B. 14.69%　　C. 18.37%　　D. 24.49%

7. 某企业按年利率 5% 向银行借款 1 000 万元，银行要求保留 12% 的补偿性余额，则这项借款的实际利率约为（　　）。

A. 5%　　B. 6.02%　　C. 6.67%　　D. 5.68%

8. 在计算优先股成本时,下列各因素中,不需要考虑的是(　　)。

A. 发行优先股总额　　B. 优先股筹资费率

C. 优先股的优先权　　D. 优先股每年的股利

9. 资金习性预测法根据资金的变动与产销量变动之间的依存关系把资金进行分类,其中不包括(　　)。

A. 不变资金　　B. 变动资金

C. 半不变资金　　D. 半变动资金

10. 对承租人来说,可以计提折旧,计入成本费用,降低税负的是(　　)。

A. 融资租赁　　B. 经营租赁

C. 杠杆租赁　　D. 短期租赁

11. 下列有关现金的成本中,属于固定成本性质的是(　　)。

A. 现金管理成本　　B. 占用现金的机会成本

C. 转换成本中的委托买卖佣金　　D. 现金短缺成本

12. 在下列股利分配政策中,能保持股利与利润之间一定的比例关系,并体现风险投资与风险收益对等原则的是(　　)。

A. 剩余股利政策

B. 固定或稳定增长的股利政策

C. 固定股利支付率政策

D. 低正常股利加额外股利政策

13. 在杜邦财务分析体系中,综合性最强的核心指标是(　　)。

A. 总资产净利率　　B. 净资产收益率

C. 总资产周转率　　D. 营业净利率

14. 根据中国证监会《首次公开发行股票并上市管理办法》的规定,下列关于甲公司的情况说明不符合实际 IPO 条件的是(　　)。

A. 甲公司最近 3 个会计年度净利润均为正数且累计人民币 5 000 万元

B. 甲公司发行前股本总额为人民币 4 000 万元

C. 甲公司最近一期期末不存在未弥补损失

D. 甲公司最近一期期末无形资产占净资产的比例为 25%

15. 根据财务管理理论,按照资金来源可将筹资分为(　　)。

A. 直接筹资和间接筹资

B. 内源筹资和外源筹资

C. 权益筹资和负债筹资

D. 短期筹资和长期筹资

16. 下列股权中,不属于普通股股东权利的是(　　)。

A. 公司管理权　　B. 分享盈余权

C. 优先认股权　　D. 优先分配剩余财产权

17. 相对于借款购置设备而言,融资租赁设备的主要缺点是(　　)。

A. 筹资速度较慢　　B. 融资成本较高

C. 到期还本负担重　　D. 设备淘汰风险大

18. 如果企业的资金来源全部为自有资金,且没有优先股存在,则企业财务杠杆系数(　　)。

A. 等于零　　B. 等于1　　C. 大于1　　D. 小于1

19. 股票投资与债券投资相比(　　)。

A. 风险高　　B. 收益小　　C. 价格波动小　　D. 变现能力强

20. 原始投资额不同,特别是项目计算期不同的多方案比较决策,最适合采用的评价方法是(　　)。

A. 净现值率法　　B. 内部收益率法

C. 差额内部收益率法　　D. 年等额净现值法

21. 某公司每年(一年按360天计算)现金需求额为400万元,每次转换的交易成本为20万元,有价证券利息率为10%,则该公司最佳现金持有量为(　　)。

A. 200万元　　B. 300万元　　C. 400万元　　D. 500万元

22. 在下列费用中,属于应收账款机会成本的是(　　)。

A. 转换成本

B. 坏账损失

C. 投资于应收账款而丧失的再投资收益

D. 收账费用

23. 是否对股东派发股利以及股利支付率高低的确定,应考虑的因素中不包括(　　)。

A. 企业所处的成长周期　　B. 企业的投资机会

C. 企业的资本结构　　D. 财务目标

24. 一般来说,如果一个公司筹资能力较强,则有可能采取的收益分配政策是(　　)。

A. 宽松的　　B. 较紧的

C. 固定的　　D. 变动的

25. 领取股利的权利与股票相互分离的日期是(　　)。

A. 股利宣告日　　B. 股权登记日

C. 除息日　　D. 股利发放日

二、多项选择题(本类题共10题,每小题2分,共20分。每小题备选答案中,有两个或两个以上符合题意的正确答案。多选、少选、错选、不选均不得分)

1. 以企业价值最大化为财务管理目标的优点包括( )。

A. 考虑了风险和时间价值因素

B. 有利于企业长期稳定发展

C. 用价值代替价格,有效地规避了企业的短期行为

D. 体现了前瞻性和可操作性的统一

2. 企业对外投资过程中,需要遵守的原则包括( )。

A. 效益性　　B. 风险分散性

C. 安全性　　D. 合理性

3. 下列各项中,可用来预测资金需求量的方法有( )。

A. 定性预测法　　B. 比率预测法

C. 定量预测法　　D. 资金习性预测法

4. 以下各项中,属于商业信用的有( )。

A. 商业汇票　　B. 商业银行贷款

C. 预收货款　　D. 融资租赁信用

5. 筹资管理是企业财务管理的一项基础内容,其意义包括( )。

A. 力求降低资金成本

B. 满足经营运转的需要

C. 合理安排筹资渠道和选择筹资方式

D. 充分降低企业的财务风险

6. 净现值法的优点有( )。

A. 考虑了资金时间价值

B. 考虑了项目计算期的全部现金净流量

C. 考虑了投资风险

D. 可以从动态上反映项目的实际投资收益率

7. 确定最佳现金持有量时,运用存货模式需考虑的因素有( )。

A. 一个周期内现金总需求量

B. 每次转换的固定成本

C. 有价证券利息率

D. 持有现金的机会成本

8. 与固定预算相比,弹性预算的优点主要有( )。

A. 及时性强　　B. 可比性强

C. 连续性强　　D. 预算范围宽

9. 相对于银行借款而言,发行公司债券筹资的优点有(　　)。

A. 锁定资金成本

B. 募集资金的使用限制条件少

C. 一次筹资额度大

D. 资金成本低

10. 在企业资本结构中,合理地安排负债资金对企业的影响有(　　)。

A. 负债资金会加大企业的经营风险

B. 负债资金会加大企业的财务风险

C. 一定程度的负债有利于降低企业的资金成本

D. 负债筹资具有财务杠杆作用

三、判断题(本类题共10题,每小题1分,共10分。每小题判断结果正确的得1分,判断结果错误的扣0.5分,不判断的不得分也不扣分。本类题最低得分为零分)

1. 以企业价值最大化作为财务管理的目标考虑了投资的风险,但没有考虑资金的时间价值。(　　)

2. 普通股股东具有的权利不包括优先认股权。(　　)

3. 资金成本用相对数表示,即表示为用资费用与筹资费用的比率。(　　)

4. 在投资项目决策中,只要投资方案的投资利润大于零,该方案就是可行方案。(　　)

5. 收账费用与坏账损失成反向变化关系,收账费用发生得越多,坏账损失就越小,因此,企业应不断加大收账费用,以便将坏账损失降到最低。(　　)

6. 在除息日之前进行交易的股票的价格低于在除息日之后进行交易的股票的价格。(　　)

7. 使用插值法时,如果用5%测试所得的终值大于目标终值,则所求折现率必然小于5%。(　　)

8. 长期负债融资与流动负债融资相比,其偿债风险相对较大。(　　)

9. 在个别资金成本一定的情况下,企业综合资金成本的高低取决于资金总额。(　　)

10. 已知某投资项目的原始投资100万元于建设起点一次投入,如果该项目的净现值率为0.2,则该项目的净现值为120万元。(　　)

四、计算分析题(本类题共4题,每小题5分,共20分。凡要求计算的项目,除题中特别标明的外,均须列出计算过程;计算结果有计量单位的,必须予以标明,标明的计量单位与题中所给的计量单位相同;计算结果出现小数的,除特殊要求外,均保留小数点后两位小数;凡要求解释、分析、说明理由的内容,必须有相应的文字阐述)

1. 某企业拟购买一套设备,厂商提供两种付款方式:

第一种,一次性立即付款,价格为100 000元。

第二种,自第3年开始,每年年初付款30 000元,连续支付5年。

【要求】假定市场利率为10%,说明该企业应选择哪种付款方式。

2. 某公司年度需耗用乙材料36 000千克,该材料采购成本为200元/千克,年度储存成本为16元/千克,平均每次进货费用为20元。

【要求】

(1)计算本年度乙材料的经济进货批量。

(2)计算本年度乙材料经济进货批量下的相关总成本。

(3)计算本年度乙材料经济进货批量下的平均资金占用额。

(4)计算本年度乙材料的最佳进货批次。

3. 某公司2010年度的税后利润为1 200万元,该年分配股利600万元,2012年拟投资1 000万元引进一条生产线以扩大生产能力,该公司目标资本结构为自有资金占80%,借入资金占20%。该公司2011年度的税后利润为1 300万元。

【要求】

(1)如果该公司执行的是固定股利政策,并保持资本结构不变,计算2012年度该公司为引进生产线需要从外部筹集多少自有资金。

(2)如果该公司执行的是固定股利支付率政策,并保持资本结构不变,计算2012年度该公司为引进生产线需要从外部筹集多少自有资金。

(3)如果该公司执行的是剩余股利政策,2011年不需要计提盈余公积金,计算2011年度该公司可以发放多少现金股利。

4. 某企业拟建造一项生产设备,预计建设期为1年,所需原始投资200万元于建设起点一次投入。该设备预计使用寿命为5年,使用期满报废清理时无残值。该设备折旧采用直线法。该设备投产后每年增加净利润60万元。假定适用的行业基准折现率为10%。

【要求】

(1)计算项目计算期内各年现金净流量。

(2)计算项目净现值,并评价其财务可行性。

五、综合题（本类题共2题，共25分，第1题15分，第2题10分。凡要求计算的项目，均须列出计算过程；计算结果有计量单位的，必须予以标明，标明的计量单位与题中所给的计量单位相同；计算结果出现小数的，除特殊要求外，均保留小数点后两位小数；凡要求解释、分析、说明理由的内容，必须有相应的文字阐述）

1. 某公司2013年销售收入为20 000万元，销售净利润率为12%，净利润的60%分配给投资者，2013年12月31日的有关资料如下表所示。

单位：万元

资产	期末余额	与销售收入的关系	负债及所有者权益	期末余额	与销售收入的关系
货币资金	1 000	变动	应付账款	1 000	变动
应收账款	3 000	变动	应付票据	2 000	变动
存货	6 000	变动	短期借款	5 000	不变动
固定资产净值	7 000	不变动	实收资本	5 000	不变动
			留存收益	4 000	不变动
合计	17 000		合计	17 000	

该公司2014年计划销售收入比上年增长30%，为实现该目标，公司需要新增设备一台，价值150万元。根据历年财务分析，变动资金项目有货币资金、应收账款、存货项目，变动负债项目有应付账款、应付票据项目。公司如需对外筹资，可按面值发行票面年利率为10%、期限为10年、每年年末付息的公司债券解决。假定公司2014年的销售净利率和利润分配政策与上年一致，公司债券发行费用可以忽略不计，所得税税率为25%。

【要求】

(1)计算2014年公司需增加的资金。

(2)预测2014年需要从外部筹集的资金数。

(3)计算发行债券的成本。

2. 某公司2013年年末有关资料如下：该公司资本包括2 000万元平均利率为8%的债务和1 000万股每股面值3元的普通股。公司股东大会决定当年按10%的比例计提法定盈余公积金，当年按可供投资者分配利润的30%向普通股股东发放现金股利。该公司2014年年初拟开发并投产一种新产品，需投资3 000万元，预计投产后每年可增加息税前利润500万元。该项目有以下两个备选方案：

方案一：按15元每股的价格增发200万股普通股；

方案二：按10%的利率发行债券。

该公司2013年的息税前利润为1 000万元,2013年年初未分配利润贷方余额为600万元;所得税税率为25%,证券发行费忽略不计。

【要求】

(1)计算2013年度净利润和应计提的法定盈余公积金、2013年年末可供投资者分配的利润和该公司每股支付的现金股利。

(2)计算增发普通股和发行债券筹资的每股利润无差异点。

(3)计算筹资前的财务杠杆系数和两个方案筹资后的财务杠杆系数。

模拟试题（二）

一、单项选择题（本类题共25题，每小题1分，共25分。每小题备选答案中，只有一个符合题意的正确答案。多选、错选、不选均不得分）

1. 税务管理作为企业理财的一个重要领域，是围绕资金运动展开的，目的是实现（　　）。

A. 利润最大化　　B. 企业价值最大化

C. 税收负担最轻　　D. 每股收益最大化

2. M企业增发普通股，市价为12元/股，筹资费用率为6%，本年发放的股利为每股0.60元，已知该股票的资金成本率为11%，则该股票的股利年增长率为（　　）。

A. 17%　　B. 5%　　C. 5.39%　　D. 6.2%

3. 某公司股票的β系数为1.5，国库券利率为4%，市场上所有股票的平均收益率为8%，则该公司普通股资金成本为（　　）。

A. 4%　　B. 12%　　C. 8%　　D. 10%

4. 在对原始投资相同的多个互斥方案选择时，应优先选择（　　）。

A. 净现值率最大的方案

B. 年等额净现值最大的方案

C. 项目周期最短的方案

D. 差额内部收益率最大的方案

5. 包括建设期的静态投资回收期是（　　）。

A. 净现值为零的年限

B. 现金净流量为零的年限

C. 累计净现值为零的年限

D. 累计现金净流量为零的年限

6. 下列各项中，不属于融资租赁筹资特点的是（　　）。

A. 能迅速获得所需资产

B. 财务风险小，财务优势明显
C. 融资租赁的限制条件较少
D. 资金成本较低

7. 下列各项中，属于应收账款机会成本的是(　　)。
A. 应收账款占用资金的应计利息
B. 客户资信调查费用
C. 坏账损失
D. 收账费用

8. 剩余股利政策一般适用于(　　)。
A. 公司发展阶段　　B. 公司初创阶段
C. 公司成熟阶段　　D. 公司衰退阶段

9. 下列关于零基预算的说法错误的是(　　)。
A. 零基预算要在现有费用项目和开支水平的基础上编制
B. 零基预算的编制时间往往较长
C. 采用零基预算，要逐项审议各项费用项目或数额是否必要、合理
D. 零基预算能够调动企业各部门降低费用的积极性

10. 下列关于流动资产的说法正确的是(　　)。
A. 流动资产具有占有时间短、周转快、不易变现等特点
B. 企业拥有较多的流动资产，可在一定程度上降低财务风险
C. 流动资产按占用形态的不同，分为现金、短期投资、应收款项和存货
D. 流动资产按在生产经营过程中所处的环节不同，分为生产领域中的流动资产、流通领域中的流动资产

11. 下列各财务管理目标中，没有考虑风险因素的是(　　)。
A. 利润最大化　　B. 相关者利益最大化
C. 股东财富最大化　　D. 企业价值最大化

12. 对于投资的分类，下列说法错误的是(　　)。
A. 按照投入行为的介入程度不同，分为直接投资和间接投资
B. 按照投资方向不同，分为对内投资和对外投资
C. 按照投资方向不同，分为固定资产投资和无形资产投资
D. 按照投入的领域不同，分为生产性投资和非生产性投资

13. 关于股票的发行方式的说法，不正确的是(　　)。
A. 股票的发行方式包括公开直接发行和非公开间接发行
B. 公开发行股票，有利于提高公司知名度
C. 公开发行股票，付现成本高

D. 非公开发行股票,发行后股票的变现性差

14. 持有现金过量可能导致的不利后果是(　　)。

A. 财务风险加大　　B. 收益水平下降

C. 偿债能力下降　　D. 资产流动性下降

15. 与利润最大化相比,股东财富最大化的优点不包括(　　)。

A. 在一定程度上可以避免短期行为

B. 考虑了风险因素

C. 对上市公司而言比较容易衡量

D. 重视各利益相关者的利益

16. 下列各项中,可用来筹集短期资金的筹资方式是(　　)。

A. 商业信用　　B. 融资租赁

C. 发行股票　　D. 发行债券

17. 融资租赁设备的主要缺点是(　　)。

A. 筹资速度较慢　　B. 融资成本较高

C. 到期还本负担重　　D. 设备淘汰风险大

18. 如果财务杠杆系数为1,则以下表述正确的是(　　)。

A. 销售收入增长率为零　　B. 息税前利润增长率为零

C. 固定成本为零　　D. 固定财务费用为零

19. 已知某股票的资金成本为12%,市场组合的平均收益率为16%,无风险报酬率为4%,则该股票的β系数为(　　)。

A. 0.67　　B. 0.75　　C. 0.33　　D. 0.2

20. 一个投资方案年销售收入300万元,年经营成本200万元,其中折旧75万元,所得税税率为25%,则该方案年现金净流量为(　　)。

A. 75万元　　B. 100万元　　C. 135万元　　D. 150万元

21. 公司与银行商定的周转信贷额度为2 000万元,年利率为4%,承诺费年费率为1%,该年度内公司实际向银行贷款1 800万元,实际使用三个季度,则该年度公司应向银行支付承诺费(　　)。

A. 6.5万元　　B. 2万元　　C. 4.55万元　　D. 5.25万元

22. 采用存货ABC分类管理法对存货进行控制时,应当重点控制的是(　　)。

A. 数量较多的存货　　B. 占用资金较多的存货

C. 品种较多的存货　　D. 库存时间较长的存货

23. 出于稳定收入考虑,股东最不赞成的股利政策是(　　)。

A. 固定股利政策　　B. 固定股利支付率政策

C. 剩余股利政策　　D. 低正常股利加额外股利政策

24. 某企业计划投资 10 万元建一条生产线,预计投资后每年可获净利 1.5 万元,年折旧率为 10%,则投资回收期为( )。

A. 3 年　　B. 5 年　　C. 4 年　　D. 6 年

25. 甲公司今年年初的总资产为 5 000 万元,年末的总资产为 6 000 万元,今年的净利润为 200 万元,财务费用为 30 万元,所得税费用为 60 万元,则今年的总资产收益率为( )。

A. 3.64%　　B. 4.73%　　C. 5.27%　　D. 4%

二、多项选择题(本类题共 10 题,每小题 2 分,共 20 分。每小题备选答案中,有两个或两个以上符合题意的正确答案。多选、少选、错选、不选均不得分)

1. 某投资项目设定折现率为 10%,投资均发生在建设期,投资现值为 100 万元,投产后各年现金净流量现值之和为 150 万元,则下列各选项正确的有( )。

A. 净现值为 50 万元

B. 净现值率为 50%

C. 内部收益率小于 10%

D. 内部收益率大于 10%

2. 下列说法正确的有( )。

A. 应收账款的主要功能是增加销售和减少存货

B. 应收账款的成本主要包括机会成本、管理成本和坏账成本

C. 监管逾期账款和催收坏账的成本会影响公司的利润

D. 信用期的确定,主要分析改变现行信用期对成本的影响

3. 利用赊销的方式销售商品可以( )。

A. 促进销售　　B. 减少风险

C. 减少存货　　D. 缩短收款时间

4. 发放股票股利的优点主要有( )。

A. 可以扩大股东权益

B. 可以将现金用于投资

C. 使股东乐于接受

D. 传递公司未来经营效益的信息

5. 短期融资券筹资的特点包括( )。

A. 筹资成本较低　　B. 筹资弹性比较大

C. 筹资条件比较严格　　D. 筹资数额比较小

6. 在下列各项中,每股收益随着( )的增加而增加。

A. 营业净利率　　B. 总资产周转率

C. 股东权益比率　　　　　　　　　　D. 平均每股净资产

7. 在下列各项中,属于企业财务管理的法律环境内容的有(　　)。

A. 金融市场　　　　　　　　　　B. 公司法

C. 金融工具　　　　　　　　　　D. 税收法规

8. 下列有关预算的概念和特征说法正确的有(　　)。

A. 预算是企业在预测、决策的基础上,以数量和金额的形式反映的企业一定时期内经营、投资、财务等活动的具体计划

B. 编制预算的目的是促成企业以有效的方式实现预定目标

C. 数量化和可执行性是预算的主要特征

D. 预算必须与企业的战略或目标保持一致

9. 项目投资具有的积极意义有(　　)。

A. 是实现社会资本积累功能的主要途径

B. 增强投资者技术经济实力

C. 提高投资者创新能力

D. 提升投资者市场竞争能力

10. 关于杜邦财务分析体系,下列说法正确的有(　　)。

A. 总资产收益率是一个综合性最强的财务比率

B. 在净资产收益率大于零的前提下,提高资产负债率可以提高净资产收益率

C. 没有考虑财务风险因素

D. 权益乘数应该按照平均总资产和平均股东权益计算

三、判断题(本类题共 10 题,每小题 1 分,共 10 分。每小题判断结果正确的得 1 分,判断结果错误的扣 0.5 分,不判断的不得分也不扣分。本类题最低得分为零分)

1. 无记名公司债券的转让,由债券持有人将该债券付给受让人后即发生转让的效力。(　　)

2. 资金成本的本质是企业筹资和使用资金而实际付出的代价。(　　)

3. 股票分割对公司的资本结构不会产生任何影响,一般只会使发行在外的股票总数增加,资产负债表中股东权益各账户(股本、资本公积、留存收益)的余额都保持不变,股东权益的总额也保持不变。(　　)

4. 在财务分析中,将通过对比两期或连续数期财务报告中相同指标,确定其增减变动的方向、数额和幅度,来说明企业财务状况或经营成果的变动趋势的方法称为比率分析法。(　　)

5. 相关者利益最大化,要求重视相关利益群体的利益,因此将股东放到了次要地位。(　　)

6. 企业放弃应付账款现金折扣的原因,是基于将应付账款用于临时性短期投资,以获取更高的投资收益。(　　)

7. 资金成本是投资人对投入资金所要求的最低收益率,也可作为判断投资项目是否可行的取舍标准。(　　)

8. 企业现金持有量过多会降低企业的收益水平。(　　)

9. 以发起设立方式设立股份有限公司,公司全体发起人的首次出资额不得低于注册资本的20%,其余部分必须由发起人自公司成立之日起两年内交足。(　　)

10. 在现代的沃尔评分法中,总资产报酬率的评分值为20分,标准比率为5.5%,行业最高比率为15.8%,最高评分为30分,最低评分为10分,A企业的总资产报酬率的实际值为10%,则A企业的该项得分为24.37分。(　　)

四、计算分析题(本类题共4题,每小题5分,共20分。凡要求计算的项目,除题中特别标明的外,均须列出计算过程;计算结果有计量单位的,必须予以标明,标明的计量单位与题中所给的计量单位相同;计算结果出现小数的,除特殊要求外,均保留小数点后两位小数;凡要求解释、分析、说明理由的内容,必须有相应的文字阐述)

1. 已知某公司2010年会计报表的有关资料如下表所示。

单位:万元

资产负债表项目	年初数	年末数
资产	8 000	10 000
负债	4 500	6 000
所有者权益	3 500	4 000
利润表项目	**上年数**	**本年数**
营业收入净额	—	20 000
净利润	—	800

【要求】

(1)计算2010年杜邦财务分析体系中的下列指标(凡计算指标涉及资产负债表项目数据的,均按平均数计算):净资产收益率;总资产净利率;营业净利率;总资产周转率;权益乘数。

(2)用文字列出净资产收益率与上述其他各项指标之间的关系式,并用本题数据加以验证。

2. 某企业拟建造一项生产设备,预计建设期为1年,所需原始投资400万元于建设起点一次投入。该设备预计使用寿命为5年,使用期满报废清理时无残值。该设备折旧采用直线法。该设备投产后每年增加净利润 120 万元。假定适用的行业基准折现率为 10%。

【要求】

(1)计算项目计算期内各年现金净流量。

(2)计算项目净现值并评价其财务可行性。

3. 甲公司当前的资本结构如下:

长期债券	1 200 万元
普通股(100 万股)	720 万元
留存收益	480 万元
合计	2 400 万元

其他资料如下:

(1)公司债券面值 1 000 元,票面利率为 10%,分期付息,发行价为 980 元,发行费用为发行价的 6%。

(2)公司普通股面值为每股 1 元,每股市价为 12 元,本年每股派发现金股利 1 元,预计股利增长率维持 6%。

(3)公司所得税税率为 25%,该公司现拟增资 600 万元,使资金总额达到 3 000 万元,以扩大生产经营规模。现有如下三个方案可供选择(假设均不考虑筹资费用):

甲方案:按面值发行债券 600 万元,债券利率为 12%;预计普通股股利不变,普通股市价仍为 12 元/股。

乙方案:按面值发行债券 300 万元,年利率为 10%;发行股票 25 万股,每股发行价 12 元,预计普通股股利不变。

丙方案:发行股票 50 万股,普通股市价 12 元/股。

【要求】

(1)根据甲公司目前的资料,完成以下任务:

①计算现有债券的税后资金成本(不考虑时间价值);

②计算权益资金成本。

(2)通过计算平均资金成本确定哪个增资方案最好(按照账面价值权数计算,计算单项资金成本时,百分数保留两位小数。仅以平均资金成本判断方案优劣)。

4. 某企业去年营业收入为 160 万元,营业成本为 120 万元,营业净利率为 15%,所得税税率为 25%,财务费用为 16 万元,存货周转次数为 5 次,期初存货余额为 20 万元;资产负债表中期初资产总额为 140 万元,应收账款余额为 28 万元,应收票据为 20 万元;期末应收账款余额为 12 万元,应收票据为 4 万元,速动比率为 1.6,流动比率为 2,流动资产占资产总额的 28%,流动资产 = 速动资产 + 存货。

【要求】

(1)计算应收账款周转率。

(2)计算总资产周转率。

(3)计算总资产收益率。

五、综合题(本类题共2题,第1题15分,第2题10分,共25分。凡要求计算的项目均须列出计算过程;计算结果有计量单位的,必须予以标明,标明的计量单位与题中所给的计量单位相同;计算结果出现小数的,除特殊要求外,均保留小数点后两位小数;凡要求解释、分析、说明理由的内容,必须有相应的文字阐述)

1. 某公司于2009年12月购入设备一台,设备价款1 500万元,预计使用3年,使用期末无残值,采用直线法按3年计提折旧(均符合税法规定)。该设备于购入当日投入使用。预计能使公司未来3年的销售收入分别增长1 200万元、2 000万元和1 500万元,经营成本分别增加400万元、1 000万元和600万元。购置设备所需要资金通过发行债券方式予以筹集,债券面值为1 500万元,票面年利率为8%,每年年末付息,债券按面值发行,发行费用为2%。该公司适用的所得税税率为25%,要求的投资收益率为10%。有关复利现值系数和年金现值系数如下表所示。

	复利现值系数(P/F,i,n)		年金现值系数(P/A,i,n)	
	8%	10%	8%	10%
1	0.9259	0.9091	0.9259	0.9091
2	0.8573	0.8264	1.7833	1.7355
3	0.7938	0.7513	2.5771	2.4869

【要求】

(1)计算债券资金成本率。

(2)计算设备每年折旧额。

(3)预测公司未来3年增加的净利润。

(4)预测该项目各年经营现金净流量。

(5)计算该项目的净现值。

2. 某公司拟筹集资本1 000万元,现有A、B两个备选方案。有关资料如下:

(1)A方案:按面值发行长期债券500万元,票面利率为10%,筹资费率为2%;发行普通股500万元,筹资费率为5%,预计第一年股利率为10%,以后每年递增3%。

(2)B方案:发行普通股500万元,筹资费率为4%,预计第一年股利率为12%,以后每年递增5%;利用公司留存收益筹资500万元。假设公司适用的所得税税率为25%。

【要求】 确定该公司的最佳筹资方案。

大连出版社教学支持说明

为了建设立体化精品教材，秉承大连出版社对于其教材类产品的一贯教学支持，我们将向使用本套教材的高校教师免费提供教学课件和习题与实训的答案。

为确保此资源仅为教师教学使用，烦请授课老师清晰填写如下开课情况证明，并邮寄（传真）至以下地址，我们据此给您提供。谢谢您的合作！

地址：大连市西岗区长白街 10 号　大连出版社（邮编 116011）

电话：0411-83621171、83621075

传真：0411-83610391

e－mail：hjj@ dlmpm. com

证　　明

兹证明________________大学____________________系/院第______________学年开设的__________________________课程，采用大连出版社出版的__________________作为本课程教材，授课老师为________________，学生__________个班共________人。

授课教师需要与本书配套的教学课件和习题与实训为：

____。

邮编：________________

地址：________________

电话：________________

e－mail：________________

系/院主任：____________（签字）

（系/院办公室盖章）

20______年______月____日